MON COMBAT
POUR LIBÉRER MA FILLE

TINA ROTHKAMM

MON COMBAT POUR LIBÉRER MA FILLE

traduit de l'allemand
par Penny Lewis

ARCHIPOCHE

Ce livre a été publié sous le titre
Flucht in die Hoffnung
par Pendo Verlag, Munich, 2012.

Une première édition de ce livre a été publiée
en 2015 aux éditions de l'Archipel sous le titre
Sauvée, mon combat pour libérer ma fille.

Notre catalogue est consultable à l'adresse suivante :
www.archipoche.com

Éditions Archipoche,
34, rue des Bourdonnais
75001 Paris.

ISBN 978-2-35287-842-1

Prologue

Nous sommes tous dans le même bateau.

Combien de fois avais-je entendu cette expression ? Et combien de fois l'avais-je employée, sans jamais la prendre au pied de la lettre ?

Je me sentais exposée au danger, assise, ou plutôt accroupie à bord du bateau en question, qui me faisait l'effet d'une coquille de noix. Il s'agissait d'un vieux chalutier qui, même à l'époque où les pêcheurs l'utilisaient encore, n'avait jamais dû s'aventurer bien loin des côtes tunisiennes. Il n'était peut-être même plus en état de naviguer. Dire que cette embarcation devait nous emmener en Italie ! À son bord, cent vingt Tunisiens désespérés, fuyant le chômage et l'instabilité politique. Ainsi que ma fille et moi.

Désespéré, il fallait l'être pour s'en remettre à un passeur qui, moyennant finances, organisait la traversée jusqu'en Europe, pour prendre place dans cette embarcation de fortune, pour oublier tous ceux qui avaient déjà entrepris ce voyage et étaient morts noyés ou étouffés. Pourquoi tout abandonner et prendre la fuite au péril de sa vie ?

Parce que rester serait pis encore. Parce qu'un être humain peut être anéanti par la pauvreté et la violence. Parce qu'une petite voix susurre que le combat pour la liberté et la dignité n'est jamais vain. Que ça peut s'arranger, que ça va s'arranger...

Voilà exactement ce que je me disais, au moment d'embarquer.

Nous étions tellement serrés que, dès que quelqu'un essayait de tendre la jambe ou de changer de position, tout le monde était obligé de bouger. Nous formions une sorte de vague humaine au sein de laquelle le moindre pied ou bras engourdi, le moindre toussotement se répercutait sur l'ensemble des passagers, qui devaient veiller à maintenir l'équilibre du bateau.

Alors que le chalutier avait déjà largement dépassé sa capacité d'accueil, l'un des passeurs nous ordonna de nous tasser encore un peu plus, afin de laisser une vingtaine d'hommes supplémentaires monter à bord. Aucun d'eux n'avait de bagages. Ils ne possédaient rien, à part les vêtements qu'ils portaient sur le dos. Et encore. En tout cas, nous partagions le même espoir, celui que notre embarcation de fortune arrive à bon port. Que le naufrage serait évité, qu'un navire de la marine ne nous éperonnerait pas, que nous serions secourus si une tempête venait à éclater. Que nous ne connaîtrions pas le même sort que tant d'autres réfugiés, trop rarement relayé par les médias. Chacun de nous savait pertinemment que cette traversée risquait de lui coûter la vie. La situation était d'autant plus éprouvante pour moi que j'avais entre les mains le destin d'une deuxième personne : ma fille, Emira.

Mais c'était notre dernier espoir de rentrer enfin en Allemagne. Au cours de ces dernières années, toutes les démarches que j'avais entreprises pour sortir du pays en toute légalité avec ma fille s'étaient soldées par des échecs.

Nous ne pouvions bien sûr pas nous cacher éternellement. Ma volonté inébranlable d'offrir à ma fille une vie libre et sans violence, ainsi que ma crainte d'être retrouvée, avec toutes les conséquences que cela impliquait, m'avaient poussée à choisir la seule issue possible : la fuite en avant. Ce bateau clandestin qui nous emmenait à Lampedusa était notre dernière chance.

— Quand est-ce qu'on arrive, maman ? demanda Emira.

Elle parlait comme une petite fille. Pourtant, elle avait déjà huit ans.

— Bientôt.

Alors que je n'en avais pas la moindre idée, je m'efforçais de ne rien laisser paraître de mon angoisse. Il fallait qu'Emira se sente en sécurité à mes côtés. Enfin en sécurité. Même si j'étais incapable d'affirmer que nous allions arriver saines et sauves à destination.

— Regarde, ajoutai-je en désignant le soleil. Tout là-bas, c'est l'Europe.

C'était certainement faux, mais, en cet instant, j'avais envie d'y croire.

— Et là, regarde, maman…

Emira pointa la côte du doigt.

— Là, c'est Djerba.

— C'est vrai, tu as raison !

Emira agita la main en direction du continent, où vivait encore son père. Il ne fallait pas compter sur ce dernier pour nous saluer en retour depuis la plage, le sourire aux lèvres. Au contraire, il devait une fois de plus nous traquer sans relâche. Combien de ses hommes étaient à nos trousses, cette fois-ci ?

— *Bislema, Baba !* cria Emira.

Au revoir, papa !

Le reverrait-elle un jour ? Le souhaiterait-elle, après tout ce qui s'était passé ? Il avait voulu la priver de sa mère, mais je n'en ferais pas autant.

— Au revoir, Farid, dis-je d'une voix éteinte.

Je me sentais vide à l'intérieur. Je n'éprouvais plus rien pour celui que j'avais pourtant aimé comme jamais auparavant. La haine qu'il m'avait inspirée avait elle aussi dépassé tout ce que j'avais pu imaginer. Si je me voyais forcée d'entreprendre cette folle traversée, c'était à cause de lui et de ses manigances.

En tentant de me prendre ma fille, il m'avait infligé la plus terrible des épreuves. Une épreuve que j'avais déjà endurée par le passé, car on m'avait privée de mes deux premiers enfants. Ma fille, personne ne me l'enlèverait, je me l'étais juré. Personne. La mer non plus.

Tandis que le bateau s'éloignait de Djerba, je pris soin de ne pas me retourner une seule fois vers la Tunisie, ce pays qui m'avait cruellement manqué, fut un temps. À trente-neuf ans, je ne me laisserais plus jamais aveugler comme j'avais pu l'être onze années auparavant, alors que je croyais avoir rencontré l'homme de ma vie. Combien de fois ai-je regretté de l'avoir connu ? Et pourtant, sans lui, Emira ne serait pas là aujourd'hui.

Mes rêves avaient été brisés. À présent, tout ce qui importait, c'était de sauver ma fille.

Je la serrai fort contre moi.

— Nous sommes bientôt arrivées, dis-je afin de nous redonner à toutes les deux un peu de courage.

En réalité, nous allions passer encore une journée et une nuit sur ce frêle esquif.

— En arrivant, je veux manger des Knacki et de la moutarde.

— C'est promis.

À cet instant, je compris que le bonheur tenait parfois à bien peu de chose.

1

Destination bonheur

Le monde venait d'entrer dans un nouveau millénaire lorsqu'une promenade sur les rives du Rhin m'amena par hasard devant une agence de voyages aussi petite que ses offres étaient alléchantes : le soleil, la mer et les palmiers, sept jours et sept nuits, pour cent quarante-neuf marks. Je m'arrêtai net et contemplai mon reflet dans la vitrine : j'avais l'air épuisée, voire surmenée. Je me rendis à l'évidence et souris. Une semaine de vacances me ferait le plus grand bien.

Je n'étais jamais partie en séjour tout inclus. Avec mes parents, j'avais parcouru la France et l'Espagne en minivan. Pour moi, c'était ça, les vacances : l'improvisation, la variété, la spontanéité. Une insouciance qui me manquait terriblement et que je savais irrémédiablement perdue depuis le décès soudain de ma mère.

J'inspirai profondément afin de chasser les fantômes du passé. Le soleil, les palmiers, la mer à perte de vue, voilà qui était tentant. Professeur d'eurythmie, une discipline artistique où la musique est exprimée par des mouvements corporels bien spécifiques, je venais d'entamer une formation de coach en entreprise, dans le but d'aider les managers surmenés. Après plusieurs semaines particulièrement chargées, quelques jours de détente seraient les bienvenus. Après tout, pourquoi pas ? Je décidai de me lancer.

J'entrai dans l'agence, qui ne proposait que des voyages à des prix défiant toute concurrence, et en ressortis avec une réservation dans un hôtel trois étoiles en demi-pension. Je ne connaissais pas la Tunisie, et ce séjour promettait d'être riche en découvertes, entre la gastronomie, le désert et les pur-sang. Je m'intéressais depuis longtemps à la musique et la danse orientales, que je considérais comme un parfait complément de l'eurythmie. J'avais effectué toute ma scolarité dans des établissements pratiquant la pédagogie Steiner-Waldorf, où les activités artistiques et manuelles sont mises en avant. L'une de mes professeurs, Mme Dinkel, une femme au caractère bien trempé dont j'appréciais la vision du monde, m'avait transmis sa passion de l'eurythmie.

Ses cours n'étaient guère prisés de mes camarades masculins, car les mouvements un peu étranges qu'elle nous demandait d'exécuter pouvaient prêter à rire, surtout au moment de la puberté. Quant à moi, j'essayais de convaincre les plus sceptiques du sens profond de ces gestes, de la possibilité qu'ils offraient de s'affirmer, de développer de bonnes relations sociales, d'apprendre l'empathie, de contrôler ses émotions et de maîtriser le cours de sa vie.

Maîtriser le cours de sa vie... Je finirais par y arriver, moi aussi. Pour l'heure, mes deux fils vivaient chez leur père et grandissaient sans moi. Je m'étonnais de pouvoir encore pleurer, alors que j'avais déjà versé tant de larmes au cours de ces derniers mois. Comment la situation avait-elle pu m'échapper à ce point ? Comment avait-on pu me priver de mes enfants ? Fonder une famille était tout ce qui comptait à mes yeux. Mais, à force de tendre sans cesse vers un idéal, j'avais fini par me brûler les ailes. Un jour, je compris que je devais aller de l'avant si je voulais continuer à exister. Je devais trouver un moyen de reprendre ma vie en main. À même pas trente ans, beaucoup de choses positives pouvaient encore m'arriver, et peut-être qu'un jour tout finirait par rentrer dans l'ordre.

En attendant, je n'avais qu'une seule certitude : je n'étais pas près de retomber amoureuse. En admettant que cela se produise un jour, je choisirais un homme qui savait exactement ce qu'il voulait. Un homme en quête d'épanouissement et de stabilité, qui avait la tête sur les épaules. Qui sait ? En repartant du bon pied, je réussirais, finalement, à récupérer la garde de mes deux fils. Je le souhaitais au plus profond de moi-même, et je me raccrochais à cet espoir. J'ignorais encore ce que la vie me réservait.

Je m'envolai pour la Tunisie à la fin du mois de février 2000. Aujourd'hui encore, je me souviens parfaitement de la vue à travers les hublots de l'avion : un défilé de steppes désertiques, de maisonnettes en pierre et de villages perdus dans des nuées de poussière, un spectacle à couper le souffle. L'hôtel trois étoiles de Sousse n'était pas en reste.

Je n'avais jamais voyagé en terre arabe ni séjourné dans un tel palace. Aujourd'hui, j'ai bien conscience que cet hôtel n'avait rien de particulier, car les touristes européens choisissant cette formule sont tous logés à la même enseigne. Mais, à l'époque, c'était pour moi une première. L'amabilité du service d'étage, qui passait tous les jours changer et plier les serviettes de toilette, ainsi que le vaste choix proposé au buffet, le confort des transats et la piscine, pourvue d'une mini-cascade, me laissèrent sans voix. Sans oublier, bien sûr, la mer à perte de vue. Mon séjour commença par deux heures de promenade le long de la plage. Je ne me lassais pas du bruit des vagues. Ici, j'allais me ressourcer.

Le lendemain de mon arrivée, je fus réveillée par un bruit très étrange que j'eus bien du mal à identifier. *I-aaah !* Un âne, peut-être ? Je bondis hors de mon lit et regardai par la fenêtre. J'avais vu juste ! L'âne était attelé à une charrue avec laquelle un vieux paysan aux jambes arquées labourait la terre aride, sous les palmiers. Il claquait régulièrement la langue pour obliger l'animal à avancer, mais celui-ci s'en fichait. Et l'homme de s'entêter, comme s'il mettait un point d'honneur à montrer qui était le chef. Je les observai, jusqu'à ce qu'ils disparaissent de mon champ de vision. J'étais donc partie pour un voyage à travers l'espace, mais aussi à travers le temps.

Comme dans tous les hôtels de cette catégorie, les animations proposées étaient très variées. Le troisième après-midi, mue par la curiosité et prise d'une pointe de nostalgie, j'assistai à la fête organisée pour les adolescents séjournant à l'hôtel. En les voyant danser au son du hip-hop, je repensai à mes deux fils. La tristesse m'envahit, mais, avant qu'elle n'ait raison de moi, je fus abordée par un homme élancé en costume-cravate.

— Ça vous tente de boire une bière en ma compagnie ? me demanda-t-il dans un anglais parfait.

Je hochai la tête et m'assis au bar en compagnie de ce bel homme prénommé Farid. Au cours des trois heures que dura notre conversation, nous parlâmes de la religion, de la vie, comme deux vieux amis qui ne se seraient pas vus depuis longtemps et qui chercheraient à rattraper le temps perdu. La faim commençant à se faire sentir, Farid m'invita dans un restaurant local où nous dégustâmes un couscous, avant de poursuivre la soirée en discothèque. Dans la lumière des stroboscopes, il me lut l'avenir dans les lignes de la main, comme le lui avait prétendument appris sa grand-mère. Je ris aux éclats. J'avais envie d'y croire, car ses prophéties correspondaient en tous points à ce que j'appelais de mes vœux : une longue vie, un mariage heureux, des enfants en bonne santé et l'aisance financière. Il me regardait de ses yeux marron étincelants, comme s'il avait le pouvoir de réaliser sur-le-champ mes rêves les plus fous. Sur la piste, Farid se révéla également un partenaire très doué. Nous rîmes, nous nous trémoussâmes, nous dansâmes le rock, ainsi que quelques slows. C'était donc ça, le bonheur. Au cours de ces dernières années, j'avais oublié le sens de ce mot.

Le lendemain matin, à cinq heures, un cri retentit à mes oreilles : « *Allah akbar !* »

Je faillis bien tomber de mont lit, me demandant où j'étais et d'où venaient ces incantations. Le second de ces mystères fut le premier résolu : du haut-parleur de la mosquée voisine. Quant à Farid, il me regardait en riant. Et dans ses yeux, je lus… de l'amour.

Déjà ? Oui, déjà. Nous avions eu un coup de foudre digne d'un roman, ce sentiment semblant surgir de nulle part, aussi soudain qu'inattendu. Je vivais une véritable passion, tout comme Farid.

Farid me servit de la *b'ziza*, une bouillie de céréales agrémentée de sucre, d'aneth, de pétales de rose et d'épices, puis m'emmena visiter la ville. Ou, plus exactement, il me guida à travers les ruelles étroites du souk, ma main dans la sienne, chaude et sèche. Il savait où il allait, et c'était tout ce qui comptait. Dès que je m'arrêtais, il me tirait par le bras pour que je continue à avancer, et je ne trouvais rien à y redire. Je me sentais en sécurité. Il ne pouvait rien m'arriver tant que cet homme était à mes côtés. Une sérénité qui m'avait manqué et que je savourais. J'étais soudain à l'aise dans ce monde.

Farid était médecin. La veille, en discothèque, il m'avait montré une photo de lui portant un masque chirurgical. Un geste que j'avais trouvé, pour être franche, un peu exagéré, mais qui ne m'avait pas non plus laissée indifférente. J'avais toujours été fascinée par les personnes qui n'hésitaient pas à assumer leur réussite, voire la revendiquaient. Peu m'importait que Farid soit pour l'instant interne et qu'il n'ait pas encore terminé ses études. Ce n'était pas un doux rêveur, au contraire : ambitieux, il avait des objectifs bien précis. N'était-ce pas quelqu'un comme lui que je recherchais ?

Le souk embaumait de senteurs exotiques. Ma curiosité était attisée par toutes les babioles autour de moi, je ne savais plus où donner de la tête. Mais, dès que je m'arrêtais devant un étal pour examiner un objet de plus près, Farid me tirait par la main. Difficile de dire s'il était pressé ou s'il avait quelque chose de particulier à me montrer plus loin. Lui seul le savait. Je finis par comprendre qu'il cherchait simplement à sortir du souk au plus vite. Par la suite, j'appris que si j'avais eu le malheur de toucher un objet quelconque, la bienséance aurait exigé de Farid qu'il me l'offre, car j'étais une femme, et lui, mon accompagnateur. Mais, comme il avait très peu d'argent, le fait que je m'intéresse à tel ou tel article risquait de le mettre dans une situation délicate. Dans les pays arabes, il n'est pas courant de voir une femme payer, c'est l'homme qui tient les cordons de la bourse.

À l'époque, je l'ignorais. D'ailleurs, j'en savais très peu sur la Tunisie et ses habitants. J'étais surtout venue pour me changer les idées et profiter du soleil, jamais je n'aurais pu deviner que mon existence serait à ce point bouleversée. C'est peut-être ce qui précipita ma chute. Le destin avait voulu que je rencontre Farid, cet homme élégant dont le charme si particulier me subjuguait.

Nous étions fous l'un de l'autre, mais le temps jouait en notre défaveur. Ma semaine de vacances se termina bien trop vite, et nous dûmes nous séparer. Finalement, il avait eu raison de me presser, dans le souk. Ainsi, nous avions pu profiter pleinement de chaque minute.

Une fois rentrée à Düsseldorf, j'appelais Farid tous les jours, ce qui me valut une facture téléphonique astronomique. Ma vie prenait une tout autre tournure, mon avenir professionnel était remis en question et Farid me manquait, ce qui avait un coût, aussi bien moral que financier. Un mois plus tard, n'y tenant plus, je sautai dans le premier avion pour la Tunisie. J'effectuerais de nombreux allers-retours dans les semaines qui suivraient.

Soudain, je devais concilier deux existences diamétralement opposées. Je jonglais entre les instants de bonheur partagés en Tunisie avec Farid et ma formation de coach à Düsseldorf. Farid et moi étions très heureux ensemble. Je l'aimais tendrement, et je lisais dans ses yeux que ce sentiment était réciproque. Farid ne me considérait pas comme une simple touriste avec qui il passait du bon temps, un lien bien plus fort nous unissait. Non seulement je le trouvais très attirant, mais j'étais presque hypnotisée par l'assurance qui émanait de sa personne. Elle résonnait comme une promesse, celle d'un soutien infaillible. Je m'en remettais entièrement à lui.

Alors que tout semblait annoncer pour moi un changement radical, je croyais toujours à ma future carrière de coach en entreprise. Ou plutôt, je voulais continuer à y croire. Parfois, j'entendais une petite voix me demander comment j'allais m'y prendre pour concilier vie privée et vie professionnelle. Je la réduisais au silence, faute d'avoir la réponse à cette question. Je n'envisageais pas de renoncer à cette formation, promesse d'un nouveau départ.

Cependant, plus je voyais Farid, plus il comptait, au détriment de mon avenir professionnel. À l'image de nos deux pays respectifs : plus la Tunisie prenait d'importance, plus l'Allemagne en perdait.

2

Entre deux mondes

Très vite, je me sentis déchirée entre les deux univers dans lesquels j'évoluais. Comment les concilier ? Peut-être que passer plus de temps en Tunisie, m'imaginer y vivre m'aiderait à prendre une décision ?

Aussitôt dit, aussitôt fait. Je me rendis à Gênes en voiture, pour ensuite embarquer sur un ferry à destination de Tunis. Quelle aventure !

Farid avait loué un appartement le temps de mon séjour. Devais-je interpréter cette initiative comme une proposition ? En tout cas, la nouvelle me remplit de joie. Je me croyais au paradis.

À quel moment ce paradis se transforma-t-il en enfer ? À l'époque, déjà ?

Un jour, alors que j'étais en train de préparer le déjeuner, quelqu'un tambourina à la porte. Farid ouvrit, et une violente dispute s'ensuivit. Je ne comprenais pas encore bien l'arabe, mais nul besoin d'être bilingue pour saisir que le visiteur n'était pas venu parler de la pluie et du beau temps. Soudain, j'entendis la porte claquer. Silence. Je passai mes mains pleines de semoule sous l'eau, puis appelai Farid. Pas de réponse. Il avait manifestement quitté l'appartement avec l'inopportun. Au bout de dix minutes, je commençai à m'inquiéter. Y avait-il un problème ? Après avoir attendu dix minutes supplémentaires, je sortis à mon tour dans la rue. Là, dans une voiture garée devant chez nous, j'aperçus Farid en compagnie de deux autres hommes. Tous trois discutaient avec force gestes. Je les observai quelques instants, sans oser intervenir. Farid semblait en délicate posture. Finalement, je me dirigeai vers la voiture et frappai à la vitre. Voyant que personne ne réagissait, j'ouvris la portière.

— Tout va bien ? demandai-je à Farid.
— Oui, répondit-il.
Naturellement, je n'en crus pas un mot.
— Qui sont ces hommes ?
Comme Farid ne répondait pas, je décidai de prendre place dans la voiture. Il avait peut-être besoin de mon aide.
— Je te présente mon frère aîné et mon oncle, finit-il par dire en désignant tour à tour l'homme au volant et mon voisin.
Ils avaient fière allure, avec leur pantalon noir et leur chemise blanche.
Par respect pour les aînés, je tendis la main tout d'abord à l'oncle, puis au frère, mais tous deux se contentèrent de me la serrer rapidement, sans conviction, comme souvent dans les pays arabes. Là-bas, la poignée de main, si révélatrice en Occident des intentions de l'interlocuteur, est considérée comme un geste grossier. Les musulmans pratiquants réprouvent le contact physique entre hommes et femmes. Si la situation ne leur laisse pas

le choix, ils ne doivent en aucun cas se regarder dans les yeux.

Je me tournai vers Farid, agacée.

— Je ne savais pas que tu... Mais combien tu as de frères, au juste ? Tu m'avais dit que ta famille vivait près de Tunis. À Carthage, c'est bien ça ? Je croyais que tu n'étais ici que pour les études et que...

Farid m'interrompit.

— Un membre de ma famille est mort.

— Oh, pardon, je suis désolée, répondis-je en portant la main à ma bouche.

Je présentai également mes condoléances à l'oncle et au frère de Farid, mais ils m'ignorèrent et reprirent le cours de leur discussion. Faute de comprendre ce qu'ils se disaient, je supposai qu'ils reprochaient à Farid de ne pas s'être rendu à l'enterrement.

Farid me le confirma une fois de retour dans l'appartement. J'aurais aimé lui poser des questions sur sa famille, en particulier sur son oncle et son frère, mais il n'était pas d'humeur à aborder le sujet.

— Et si nous allions nous promener, cet après-midi ? proposa-t-il pour détourner la conversation.

L'incident me préoccupa encore un certain temps, d'autant plus que les deux hommes ne semblaient pas savoir qui j'étais. Farid cachait-il mon existence à ses proches ? Préférait-il garder notre relation secrète ? Si oui, pourquoi ? Il ne s'agissait pas d'une simple aventure, nous nous aimions !

Je m'interrogeai également sur nos différences culturelles et les répercussions qu'elles risquaient d'avoir sur notre couple. Certes, Farid ne m'avait jamais vraiment parlé de religion, il ne priait pas, du moins, pas à ma connaissance, et il m'avait abordée comme n'importe quel Européen l'aurait fait. J'avais peine à croire que sa famille puisse désapprouver son mode de vie, et encore moins exercer une quelconque influence sur lui.

On dit que l'amour rend aveugle. Mais l'amour entre deux êtres est tellement précieux qu'on craint de le briser. On met tout en œuvre afin de le préserver. On ferme les yeux.

Pendant les jours qui suivirent, je tentai plusieurs fois d'amener Farid à me parler de sa famille, mais il éludait mes questions avec toujours plus de subtilité. Dès que j'abordais un sujet qui le mettait mal à l'aise, soit il détournait la conversation, soit il ne décrochait plus un mot. S'il n'avait pas envie de parler, il ne parlait pas, et il estimait que rien ne l'obligeait à répondre à mes questions. De mon côté, je me gardais bien d'insister, de peur de gâcher ces quelques moments si précieux que nous passions ensemble. Je vivais l'instant présent, sans soupçonner à quel point je m'en mordrais les doigts.

Une semaine plus tard, de retour d'une longue promenade, j'aperçus un panneau sur le bord de la route.

— Regarde, c'est là que vivent tes parents ! Et si on leur rendait visite ?

— Ce n'est pas sur le chemin.

— Comment ça ?

— Ils habitent près de Sousse.

— Mais… nous aussi !

— Hum.

— Pourquoi tu ne m'en as pas parlé ? On aurait pu en profiter pour aller les voir. Et moi qui les croyais à Carthage ! Tu peux quand même me dire où vivent tes parents ! Pourquoi tu m'as menti ?

Au lieu de me répondre, Farid commença à me chatouiller.

— Arrête, il faut que je me concentre sur la route ! dis-je en éclatant de rire.

En y réfléchissant le soir venu, j'en arrivai à la conclusion que, Carthage étant une ville où habitaient des personnes fortunées, Farid avait menti dans le but de m'impressionner. Je trouvais même cela attendrissant. Il était très soucieux de son image et attachait beaucoup d'importance à ce que je pensais de lui. C'était probablement la raison pour laquelle, lorsque je rentrais en Allemagne, il me dressait au téléphone la longue liste de ce que je devais lui rapporter : jeans de marque, chaussures de marque, chemises de marque… Il était déterminé, et cela me plaisait. J'irais même plus loin : il savait exactement comment se comporter pour arriver à ses fins, et l'emprise qu'il exerçait sur moi avait quelque chose de séduisant.

Avec le recul, on porte toujours un regard différent sur les événements. Et, à l'heure où j'écris ces lignes, bien sûr, je me dis que j'aurais dû me montrer plus prudente, plus curieuse, plus objective. Mais, à l'époque, j'étais jeune et amoureuse. Le soupçon et la méfiance, très peu pour moi, je ne voyais le mal nulle part.

De toute façon, je me sentais en position de faiblesse face à son assurance mâtinée de virilité. Je n'en avais pas l'habitude, et, au lieu de me rebeller – et me rebeller contre qui, contre quoi, au juste ? –, je fondais littéralement. Je n'avais encore jamais connu d'homme comme lui. Un homme qui savait ce qu'il voulait et n'hésitait pas à le réclamer. Cela me faisait du bien de m'en remettre à lui et de lâcher prise. J'en avais assez, de devoir toujours être forte.

Mon père, ma figure masculine de référence, était quelqu'un de prévenant, démonstratif et souple, tout le contraire de Farid. Je découvrais de nouvelles sensations et prenais même un certain plaisir à me soumettre. De plus, nous avions tous deux envie de croquer la vie à pleines dents. Nous sortions tous les soirs, pour ne rentrer parfois qu'au petit matin, et l'admiration que nous lisions dans le regard des autres face au beau couple que nous formions, le médecin charismatique et la belle Allemande aux cheveux blonds, n'était pas pour nous déplaire. Pour ma part, je ne me serais sans doute pas décrite ainsi. Mais, à force de l'entendre, je finis par me dire qu'il devait y avoir une part de vrai.

Nous n'évoquions pas l'avenir, car celui-ci impliquait une séparation dont nous souffririons inévitablement. Mon séjour se terminerait de toute façon bien trop tôt, et il nous faudrait patienter longtemps jusqu'aux prochaines retrouvailles. D'ailleurs, je ne voulais plus me contenter de simples vacances en Tunisie. Je me demandais à quoi ressemblerait ma vie si je m'installais ici, aussi me comportais-je non comme une touriste de passage, mais comme une vraie Tunisienne. À l'appartement, je consacrais mes matinées au ménage et à la cuisine, tandis que Farid travaillait sur sa thèse. L'après-midi, nous allions nous baigner. C'était si simple ! Personne ne me rejetait parce que j'étais allemande, bien au contraire. Le soir, nous étions souvent invités à droite à gauche, on me témoignait de l'intérêt, et, où que j'aille, j'étais accueillie à bras ouverts.

Alors que j'étais rentrée à Düsseldorf depuis quelques heures à peine, je me rendis compte que Farid me manquait, tout comme la Tunisie. Oui, j'avais le mal du pays, et je ne me voyais plus poursuivre ma carrière de coach. Qu'allais-je devenir, dans la froideur de l'Allemagne ? Je n'avais qu'une envie, repartir au soleil, retrouver tous ces gens souriants et bronzés.

— Je ne vois pas comment concilier mes projets professionnels en Allemagne et ma nouvelle vie en Tunisie, expliquai-je un jour à ma grand-mère.

— Il faut savoir écouter son cœur, surtout quand celui-ci te dit de partir rejoindre un médecin, répondit-elle avec un clin d'œil.

Ma grand-mère était ravie que sa petite-fille fréquente un médecin. Sans doute espérait-elle ainsi tenir la maladie à distance.

Si ma mère avait été encore en vie, j'aurais peut-être davantage hésité à quitter l'Allemagne.

Employée dans une agence de publicité située à Düsseldorf, elle était décédée prématurément à l'âge de quarante-sept ans. Mes parents avaient réalisé leur rêve le jour où ils avaient emménagé dans une vieille ferme en périphérie de la ville. Pendant dix ans, ils avaient consacré chaque minute de leur temps libre à la rénovation de cette maison. Alors que les travaux étaient terminés depuis deux ans, ma mère avait décidé de se reconvertir. C'était une femme dynamique, sociable, optimiste, enjouée, courageuse, bref, une décideuse dans l'âme. Hélas, un Polonais qui conduisait en état d'ébriété s'endormit au volant et la percuta de plein fouet sur l'autoroute, qu'il avait empruntée à contresens. Elle mourut sur le coup.

Lors de la mise en terre, ma petite sœur, alors âgée de onze ans, se tenait au premier rang à côté de mon père, dévasté. Mes parents étaient tous deux graphistes de formation, mais mon père avait décidé de mener une vie d'artiste dans laquelle il n'y avait pas de place pour les tâches quotidiennes, la tenue des comptes et les démarches administratives, toutes prises en charge par ma mère.

Je vis ma mère pour la dernière fois à l'aéroport. À l'époque, j'avais vingt ans et j'étudiais en Angleterre. J'étais rentrée voir mes parents, et il avait été convenu que mon père me reconduise à l'aéroport.

— Je préférerais que ce soit maman.

— Mais non, répondit mon père. De toute façon, je dois aller en ville et...

J'insistai. Une intuition, sans doute.

Ce fut donc ma mère qui m'accompagna à l'aéroport. Elle resta avec moi jusqu'au contrôle des passeports et me serra longuement dans ses bras. À ce moment-là, je lui dis certainement « À bientôt ! » ou « À la prochaine ! ».

La disparition soudaine de ma mère laissa un trou béant dans ma vie. Ne pas avoir l'occasion de dire au revoir, ne pas pouvoir se préparer au décès de quelqu'un est extrêmement difficile.

J'entretenais avec elle d'excellentes relations, et la considérais comme ma plus proche confidente et ma meilleure amie. Elle ne m'avait jamais rien interdit. J'étais allée pour la première fois en discothèque à douze ans, et, à quatorze ans, je passais mes week-ends seule à Düsseldorf, tandis que mes parents rénovaient la ferme. Ils me faisaient confiance, et, de mon côté, je n'en abusais pas.

Aujourd'hui, je ne peux m'empêcher de penser qu'une bonne partie de ce qui m'est arrivé aurait pu être évité si j'avais reçu une éducation plus stricte. Mais tout n'est pas imputable au manque de sévérité de mes parents. Même s'il est vrai qu'ils avaient tendance à accorder très facilement leur confiance. Certains peinent à donner leur amour et leur confiance, d'autres, au contraire, les distribuent généreusement et sans conditions. C'était mon cas. Bien sûr, j'en veux à Farid de m'avoir infligé tant de souffrances. Mais je lui en veux surtout de m'avoir privée de ma spontanéité.

Farid refusait de venir vivre en Europe. Je m'en accommodais parfaitement, car j'adorais le soleil et la mer.

— Si tu venais t'installer en Tunisie, tu pourrais peut-être te reconvertir dans le tourisme et encadrer des groupes, me proposa-t-il un jour au téléphone. Enfin, ce n'est pas comme si tu avais le choix. Il va falloir que tu gagnes de l'argent pour deux, puisque je n'ai pas encore terminé mes études.

— Aucun problème !

J'étais aux anges, car Farid, d'une façon qui n'appartenait qu'à lui, venait de m'inviter à partager sa vie. Soudain, mon avenir commençait à prendre forme. Nous allions enfin pouvoir vivre pleinement notre amour.

Je postulai comme responsable de groupes auprès d'une grande agence de voyages allemande. Une fois ma candidature retenue, j'appris que je m'envolerais prochainement pour Majorque afin d'y suivre une formation. J'attendis d'avoir reçu la confirmation écrite avant d'annoncer mon départ au coach avec qui je travaillais et qui m'avait tant appris. Il comprit parfaitement ma décision.

— Quel magnifique projet ! Tu m'en vois ravi, et je dois même reconnaître que je t'envie. Qu'est-ce que j'aimerais partir vivre au soleil ! Et qui sait ? Peut-être qu'un jour tu exerceras en Tunisie. Là-bas aussi, il y a des cadres qui souffrent de surmenage !

— On verra bien.

J'étais folle de joie. Du jour au lendemain, tout me paraissait possible.

Il y avait tant à organiser que je décidai de partir cinq jours en Tunisie pour faire le point avec Farid. Mais, dès que j'abordais le sujet, il se contentait de me prendre dans ses bras en disant que tout irait bien, puis me proposait d'aller danser. D'abord agacée par sa nonchalance, je pris sur moi et décidai de ne plus m'inquiéter. À quoi bon ? Il suffisait de tenter l'aventure.

3

Couscous en pleine mer

Ma formation de responsable de groupes débuta en mars 2001 à Majorque. Entourée de personnes toutes très intéressantes et poursuivant le même objectif que moi, je profitais au maximum de ce séjour. Je ne regrettais pas le moins du monde ma décision. Une fois la formation terminée, je rentrai à Düsseldorf, chargeai ma Kangoo bleue jusqu'au plafond et me mis en route pour la Tunisie, où une nouvelle vie m'attendait. Dès que je m'arrêtais sur une aire de repos, des curieux approchaient et engageaient la conversation.

— Elle est pleine à craquer, votre voiture. Vous déménagez ?

— Oui, on peut dire ça comme ça.

— Et vous allez où, si ce n'est pas indiscret ?

— En Tunisie.

Une réponse dont je n'étais pas près de me lasser et qui m'emplissait de fierté.

— En Tunisie ? Sacré trajet !

— Oui, je roule jusqu'à Gênes, puis je prends le ferry.

— Vous en avez encore pour un bout de temps, alors.

— Oh, ça va aller. La traversée dure vingt-quatre heures, puis j'ai encore de la route jusqu'à Sousse.

— Il n'y a pas d'aéroport, dans la région ?

— Non.

— Vous iriez plus vite en avion, tout de même.

— C'est vrai, mais je ne pourrais pas emporter ma maison avec moi !

— Eh bien, je vous souhaite bon voyage, mademoiselle.

— Merci, vous de même !

À travers ces discussions, je me rendis compte que je ne me contentais pas de parler de cette aventure : je la vivais déjà pleinement. Moi, Tina Rothkamm, je venais de quitter l'Allemagne, mes valises sous le bras. Où allais-je les poser ? Que me réservait l'avenir ? J'avais l'impression de dévorer un roman au suspense insoutenable, le récit de ma propre vie. Et je n'avais qu'une hâte, connaître la suite. Si, à l'époque, j'avais su ce qui m'attendait, serais-je revenue quelques pages en arrière ? Aurais-je fermé le livre ? Me serais-je attelée à l'écriture d'une nouvelle intrigue ? Peut-être bien. Ou peut-être pas. Certaines personnes se construisent dans la douleur et dans l'épreuve, et il faut croire que j'en fais partie.

— Et pourquoi la Tunisie, sans indiscrétion ? Vous partez enseigner l'allemand ?

— Pas du tout, répondis-je en éclatant de rire. Mais je pars m'installer là-bas, oui.

— Seule ?

— Non, avec mon compagnon.

— Un Tunisien ? C'est intéressant.

— Je suis bien d'accord. Les cultures étrangères m'ont toujours fascinée.

— Mais vous n'avez pas peur de vivre dans un pays arabe, avec vos cheveux blonds ?

— Jusqu'à présent, je n'ai eu à me plaindre de rien.

— Alors que vous n'êtes pas voilée ? À moins que vous ne comptiez porter le foulard une fois sur place ?

Je ne pus réprimer un petit rire. Farid trouverait vraiment curieux que je décide de cacher ma chevelure.

— Mais non ! En Tunisie, la majorité des femmes vivent tête nue. C'est un choix personnel. D'ailleurs, à l'université, le port du foulard est assez mal vu.

— Ah bon ? Ils sont plus à cheval que nous sur la laïcité, alors. Qui l'eût cru ?

— Eh oui, attention aux idées préconçues.

— Sur ce, je vous souhaite bonne route. Surtout, soyez heureuse !

— Merci, vous aussi !

Soyez heureuse, soyez heureuse, soyez heureuse ! J'entendis résonner cette phrase tout au long du trajet. Elle me donnait des ailes, et je roulais de plus en plus vite.

Dans la file d'attente pour embarquer à bord du ferry, je commençai à perdre patience. Qu'est-ce qui pouvait bien prendre autant de temps ? Je n'avais qu'une envie, que les voitures prennent place dans la soute et que le bateau quitte enfin le port.

Une effervescence toute printanière régnait à bord. Les touristes trépignaient d'impatience. Je croisai également des motards et des conducteurs de jeep, tous équipés pour traverser le Sahara : eux aussi avaient hâte de partir. Il flottait dans l'air comme un parfum d'aventure.

Je passai une grande partie de la nuit assise sur le pont à contempler le ciel. Je me serais volontiers laissée bercer par le clapotis des vagues, mais il était malheureusement étouffé par le vacarme des machines. Plus nous nous dirigions vers le sud, plus les étoiles semblaient se rapprocher. J'avais l'impression qu'il me suffisait de tendre la main pour les cueillir les unes après les autres et en nombre infini, sans fournir le moindre effort. J'aperçus également des étoiles filantes. C'eût été l'occasion de formuler un vœu, mais j'étais déjà comblée, puisque je traversais la Méditerranée. J'avais vingt-huit ans et j'étais libre comme l'air !

Il se trouvait que je connaissais le cuisinier du ferry. Non seulement celui-ci s'arrangea pour que je sois surclassée dans une cabine de luxe avec vue sur mer, mais il me fit également apporter un pla-teau-repas avec le meilleur couscous que j'aie goûté de toute ma vie. C'était la première fois que je dégustais un mets si délicieux.

En admirant la vue par le hublot, je faillis me mettre à rire, pleurer, crier. De joie, bien sûr. Je débordais d'énergie, je ne tenais plus en place.

Je fus accueillie à Tunis par un Farid frigorifié. Il m'attendait depuis plusieurs heures et semblait avoir grand besoin d'un remontant, alors que c'était moi qui venais de parcourir plusieurs centaines de kilomètres. Nous nous restaurâmes donc au chaud, puis direction... la maison ! Farid avait loué un bungalow à Sousse, et j'avais hâte de le découvrir. Ce qu'il m'en avait dit m'avait mis l'eau à la bouche. Nous allions vivre près de la mer, dans un beau quartier.

Nous arrivâmes enfin. Or, dans le beau quartier en question, toutes les habitations se ressemblaient. Comment allais-je m'y repérer ?

Farid était perdu lui aussi. Et constatant qu'il ne retrouvait pas le bungalow, je me permis de le taquiner.

— Je sais très bien lequel c'est, rétorqua-t-il, les lèvres pincées. Je voulais juste te montrer les environs.

Farid n'ayant pas le permis, c'était moi qui conduisais. Je suivais ses instructions (« À gauche ! », « À droite ! »), mais plus nous tournions en rond, plus je le sentais qui s'énervait. De mon côté aussi, la tension montait, car Farid rejetait la faute sur moi. Le monde à l'envers !

Un autre exemple : je ramenais l'argent, mais c'est lui qui décidait ensuite de la façon dont nous le dépenserions. J'apportais les meubles, la télévision, et pourtant il se comportait avec un aplomb tel que j'avais l'impression d'être son invitée. L'impétuosité tunisienne, peut-être...

Lorsque nous nous garâmes enfin devant le bon bungalow, Farid se renversa sur son siège, visiblement content de lui.

— Maintenant, tu as une bonne idée du quartier.

— Merci, répondis-je gentiment.

Puis, frustrés de ne pas nous être vus depuis si longtemps, nous nous hâtâmes à l'intérieur.

4

Les filles sages, le ciel et le purgatoire

J'accueillis mon premier groupe deux jours plus tard. Ce fut l'occasion de retrouver, à ma grande joie, certaines personnes que j'avais rencontrées lors de la formation à Majorque. Mais le fait que nous arborions tous le même accoutrement me mettait mal à l'aise. D'une part, j'avais l'impression de ressembler à une contractuelle, d'autre part, le port de l'uniforme n'était guère prisé dans ma famille. En effet, mon grand-père paternel, ancien soldat de la Wehrmacht et nostalgique du Troisième Reich, n'avait pas hésité à recourir à la violence envers ses propres enfants, les laissant traumatisés.

En revanche, s'agissant de certaines collègues féminines, l'uniforme leur allait à ravir. Et Farid, très sensible aux symboles de statut et de prestige, me trouvait très sexy, habillée ainsi.

Au début, j'adorais mon nouveau travail, qui me permit de découvrir les coulisses des grands hôtels, le fonctionnement de l'industrie touristique... mais aussi la corruption, omniprésente.

Bien évidemment, je ne m'autorisais pas le moindre faux pas. Je déployais des trésors de diplomatie, d'écoute, voire de charme face à des clients venus signaler un cafard dans leur salle de bains. « Oh, c'est affreux », répondais-je en secouant la tête, tout en me disant que ces gens-là devraient voir mon appartement. Ils n'auraient pas vu « un » cafard, mais toute une colonie. Ces nuisibles étaient aussi répandus en Tunisie que les mouches en Allemagne. D'autres se plaignaient de l'humidité ou encore des travaux.

— La satisfaction de nos clients étant notre priorité, je veillerai à ce qu'on vous installe dans une autre chambre. En attendant, permettez-moi de vous offrir un verre de Prosecco au bar. S'il y a des fruits que vous appréciez particulièrement, dites-le-moi, on vous en fera porter une corbeille dans votre nouvelle chambre.

Je prenais vraiment plaisir à rendre le sourire aux touristes mécontents. J'étais responsable de plusieurs groupes dans différents hôtels, me rendant de l'un à l'autre en voiture, contrairement à la plupart de mes collègues qui, n'ayant pas de véhicule à disposition, se déplaçaient en bus. Mon travail consistait à prononcer un discours de bienvenue, toujours le même, quel que soit l'établissement, et à assurer des heures de permanence durant lesquelles je prêtais une oreille attentive aux réclamations des clients. Je m'efforçais également, dans la mesure du possible, d'apporter des solutions aux problèmes rencontrés. Grâce à ma relation avec Farid, je me sentais très proche des employés. Je parvenais le plus souvent à régler les situations conflictuelles et autres malentendus par moi-même, sans l'intervention d'une tierce personne, car je refusais de traiter le personnel tunisien comme une main-d'œuvre bon marché. Parfois, j'avais même plus de mal à comprendre la mentalité de mes compatriotes que celle des locaux. Nombreux étaient les clients à exiger que tout soit exactement comme sur la brochure. La photo montrait ceci, la légende disait cela, et il fallait que la réalité y corresponde. Enfin, la réalité... Les touristes évoluaient dans un décor conçu pour leur jeter de la poudre aux yeux.

J'avais beau en trouver certains désagréables, je répugnais à l'idée de leur mentir sciemment et de profiter de leur naïveté. Par exemple, sur ordre de la direction, je devais les dissuader d'acheter des bijoux au souk, sous prétexte qu'ils étaient faux, et les inciter à se rendre dans les boutiques de l'hôtel, qui pratiquaient des tarifs exorbitants.

Le soir venu, je retrouvais Farid à la maison, puis nous ressortions dîner. Ma carte de responsable de groupes nous permettait de bénéficier de tarifs préférentiels dans des établissements huppés, et nous en profitions quotidiennement, parfois midi et soir. Nous appréciions particulièrement El Kantaoui, une station balnéaire très prisée des touristes où des restaurants avec vue sur la mer servaient une cuisine délicieuse.

J'étais comblée par cette nouvelle existence, qui correspondait en tous points à celle que j'avais imaginée. L'Allemagne ne me manquait pas le moins du monde, mais Farid, si, quand il avait cours à la fac. Heureusement, la plupart du temps, il restait à la maison et travaillait sur sa thèse.

Je commençai alors à m'abandonner. Farid avait bouleversé ma vision du monde, je croyais de nouveau à l'amour et au bonheur.

Un soir, je passai à la banque retirer de l'argent que ma grand-mère m'avait envoyé. Une fois au restaurant, alors que je cherchais un mouchoir dans mon sac à main, impossible de retrouver mes billets.

— Oh non, ce n'est pas possible, murmurai-je.

Mon regard se posa tour à tour sur Farid, puis sur mon sac.

— Si tu crois que j'ai pris cet argent, tu te trompes ! s'écria Farid en bondissant de son siège. Je ne me laisserai pas accuser de la sorte !

Il me fusilla du regard, jeta sa serviette sur la table et sortit en trombe.

Après avoir réglé l'addition, je le suivis en courant.

— Farid, attends-moi, s'il te plaît !

Sans se retourner, il longea l'embarcadère où des yachts de luxe se balançaient doucement sur l'eau. Depuis les cafés alentour, le son des *tablas* perçait l'air chargé d'un parfum entêtant. Dans toute la Tunisie, de jeunes garçons vendaient des branches de jasmin dans des paniers tressés à la main. Ils gagnaient ainsi de quoi venir en aide à leur famille.

La tradition voulait que les hommes qui achetaient une branche de jasmin la portent quelque temps à l'oreille, avant de la donner à leur femme ou à leur fiancée. Il était clair que, ce soir-là, on ne m'en offrirait pas.

— Farid, je ne t'ai pas accusé ! Comment pourrais-je faire une chose pareille ? Je t'en prie ! Je me demandais tout haut où était passé cet argent. Farid, s'il te plaît, arrête-toi !

Je lui courus après en le suppliant, mais il ne daigna même pas se retourner. Désemparée, je finis par abandonner et regagnai le parking.

Sur la jetée, j'aperçus deux jeunes Allemands qui faisaient du stop. Je n'avais aucune envie d'être seule, et ils tombaient à point nommé. Quand ils eurent pris place à l'arrière, je me remis en route.

— Vous roulez sur l'or, on dirait, dit l'un des deux touristes.

— Pardon ?

Il me tendit une liasse de billets, tout sourire.

— Si vous n'avez pas peur de laisser une somme pareille dans votre voiture, qu'est-ce que ça doit être chez vous ! renchérit son ami.

Les billets étaient tombés de mon sac, tout simplement ! Je remerciai les deux touristes pour leur honnêteté, les déposai à leur hôtel, puis repartis à la recherche de Farid. Ce dernier semblait s'être évanoui dans la nature.

Toute la soirée, je fis le tour des cafés, bars, discothèques et restaurants de la ville. Finalement, alors qu'il était minuit passé, je l'aperçus dans un café, en compagnie d'un ami. Je m'assis à une table non loin de la sienne et tentai de croiser son regard. Je voulais le prévenir que j'avais retrouvé l'argent, mais il m'ignora. Je n'existais plus pour lui.

Je rentrai à la maison, la mort dans l'âme. J'avais les disputes en horreur, encore plus au sein de mon couple.

Farid ne rentra qu'au petit matin. En prenant le petit-déjeuner, je vis qu'il avait déchiré les billets pour le concert de Cheb Mami, prévu le soir même. Nous l'attendions depuis si longtemps !

Il me fallut le supplier pendant plusieurs jours avant qu'il accepte de me pardonner. Comble de l'ironie, je m'excusai platement alors que je n'étais pas en tort. C'était Farid qui me reprochait des accusations que je n'avais jamais formulées. Je lui avais simplement posé une question. Mais, blessé dans son orgueil, il ne voulait rien entendre.

Je ne supportais plus la tension qui régnait entre nous et n'avais qu'une envie, oublier ce malentendu. D'où mon soulagement de voir notre vie reprendre son cours, entre dîners au restaurant et sorties en discothèque. Ma quête d'harmonie était ma plus grande faiblesse, et je ne soupçonnais pas à quel point cela me porterait préjudice par la suite. Au début de notre relation, j'avais pris l'habitude d'éviter tout sujet de discorde, car nous nous voyions très peu. Je repartirais bientôt, à quoi bon tout gâcher avec des broutilles ? À l'heure où se dessinait notre avenir commun, j'aurais dû me montrer plus vigilante, au lieu de fuir le conflit, mais j'avais peur de mettre notre couple en danger. À présent, il était tout ce qu'il me restait, puisque j'avais tourné le dos à l'Allemagne et à toute perspective professionnelle. Peut-être ai-je eu tort de placer l'homme que j'aimais au centre de mon existence, de puiser en lui une force que j'aurais dû trouver en moi-même. Cette idée m'avait déjà traversé l'esprit, à l'époque, mais j'avais préféré fermer les yeux, car l'éventualité d'une rupture m'était insupportable.

Peu après cet incident, une collègue m'offrit un livre qu'elle avait adoré : *Les filles sages vont au ciel... les autres, où elles veulent*, un best-seller d'Ute Ehrhardt sur la condition féminine. Je le lus avec intérêt et étonnement.

Comme je m'intéressais aussi bien aux droits des femmes qu'à la religion, je lus également une traduction du Coran. De temps en temps, je posais des questions à Farid, car je tenais à bien comprendre. Mais Farid n'était pas croyant. Il ne priait pas et ne jeûnait pas durant le ramadan, chose qu'il se gardait bien de dire à sa famille.

Un jour, Farid se fâcha et confisqua mon exemplaire du Coran.

— Ça a été traduit par une juive.

— Comment tu le sais ?

— Il suffit de voir son nom ! Hors de question que tu lises ce tissu d'âneries.

Farid en profita pour me prendre l'ouvrage de Ute Ehrhardt, dont il désapprouvait les théories. Puis il sortit dans le jardin et alluma un bûcher afin d'y brûler ces deux sorcières qu'étaient la femme émancipée et la juive. Mais ce qui m'inquiétait le plus, c'était la flamme hostile dans son regard. Je ne le reconnaissais plus.

Je fus prise d'une terrible angoisse. Ce n'était pas possible, nous n'allions pas échouer, lui et moi ! Je décidai de me montrer plus prudente, à l'avenir, aussi bien dans le choix de mes lectures que dans ma façon d'aborder certains sujets. Comme Farid ne parlait pas allemand, il n'était pas en mesure de juger par lui-même. S'il avait cru que *Les filles sages vont au ciel... les autres, où elles veulent* risquait de me pervertir, c'était sans doute parce que j'avais fait preuve de maladresse. Où étaient passés le tact et la diplomatie grâce auxquels je me distinguais dans mon travail ? Je devais me montrer plus compréhensive, ne pas oublier que Farid baignait depuis toujours dans une culture radicalement différente de la mienne, être patiente et respecter ses opinions. Après tout, c'était moi, l'étrangère. À moi de m'adapter et, surtout, d'éviter de le contrarier.

Par la suite, il regretta d'avoir brûlé mes livres, même s'il eut du mal à l'admettre. Ce n'était qu'un dérapage, un événement isolé. Et puis sa situation n'avait rien de facile : il vivait à mes crochets, une véritable humiliation pour un Tunisien. Pour ma part, l'incident était clos. Je préférais penser à l'avenir.

5

Les pieds dans le plat

Farid et moi nous connaissions depuis un an lorsqu'il me présenta à ses parents. J'étais à la fois enchantée et très stressée. Bien qu'ils ne vivent qu'à une demi-heure de chez nous, Farid avait long-temps hésité à organiser cette rencontre. J'en déduisis qu'ils devaient avoir certaines exigences et décidai de ne pas me maquiller. Je choisis égale-ment ma tenue avec soin : T-shirt à manches longues, pantalon et tunique.

J'avais remarqué que les Tunisiens étaient des gens fiers, et que ceux qui en avaient les moyens prêtaient attention à leur apparence vestimentaire. J'étais toujours surprise de voir, en plein désert, des hommes arborer des chemises d'un blanc imma-culé. On les aurait crus tout droit sortis d'un spot publicitaire. Ils avaient toujours des chaussures impeccables, sans le moindre grain de sable. Comment y parvenaient-ils ? Mystère.

La famille de Farid vivait dans une maison toute simple donnant sur une cour intérieure. La cuisine et les toilettes étaient minuscules. Dans ces pièces, particulièrement basses de plafond, je me cognai la tête plus d'une fois. Ouvrier dans le bâtiment, le père de Farid n'était pas peu fier de sa réussite, ainsi que de ses huit enfants, tous bien portants et bons élèves. Beaucoup d'espoirs et de rêves reposaient notamment sur les épaules de Farid, qui faisait la fierté de ses proches. Les médecins jouissant d'un grand prestige en Tunisie, leur épouse se devait d'être exemplaire, et je m'employais à montrer à la famille de Farid que je saurais m'intégrer. Je souriais, je gardais le silence ou je baissais les yeux dès que je le jugeais nécessaire.

La mère de Farid ne se contentait pas de me dévisager, elle me transperçait du regard, pensant sûrement : « Qui es-tu, toi, la blonde aux yeux verts qui pense mériter mon fils ? Tu t'es vue ? Tu te crois vraiment digne de lui ? »

Voulant me rendre utile, j'aidai à préparer le déjeuner dans la petite cuisine. Comme personne ne me donnait d'instructions, je pris l'initiative de laver et d'assaisonner la laitue, puis posai le saladier au milieu de la table. À ma grande surprise, je fus la seule à me servir, les autres personnes présentes refusèrent d'y toucher. Croyaient-elles que j'allais leur transmettre une maladie quelconque ? Pis, que je voulais les empoisonner ?

Plus tard, Farid me reprocha d'avoir déchiré les feuilles de laitue à la main, au lieu de les émincer finement au couteau, à la tunisienne. Or, en Allemagne, il aurait pu m'expliquer la situation, car nous aurions été assis côte à côte. Mais, dans les pays arabes, hommes et femmes mangeaient séparément la plupart du temps. Il n'y avait rien d'étonnant non plus à ce qu'un homme rendant visite à sa famille délaisse son épouse, qui restait seule avec les autres femmes, comme cela fut mon cas. Seules les sœurs, les cousines, les jeunes enfants et les personnes âgées avaient accès à notre cercle.

Mais je n'en savais rien, puisque Farid n'avait pas jugé utile de me prévenir. Il m'ignorait et m'envoyait balader dès que je lui adressais la parole. J'étais terriblement mal à l'aise. Avais-je commis un impair ? Si oui, lequel ? Des centaines de questions se bousculaient dans ma tête, sans que j'ose en poser une seule à haute voix.

Mes quelques rudiments d'arabe ne suffisaient pas à alimenter une conversation. Heureusement, une des sœurs de Farid qui parlait très bien anglais se chargea de traduire ce que je disais à sa mère, tandis que cette dernière continuait à me jauger.

Farid et moi repartîmes le soir venu. J'étais abattue. Lorsque je voulus savoir ce que sa famille avait pensé de moi, il se contenta de répondre : « On sort où, ce soir ? » Toutefois, je lui fus reconnaissante de ne pas s'étendre sur les erreurs que j'avais pu commettre.

Dès lors, quand nous allions voir les parents de Farid, je m'efforçais de me conformer à leurs exigences. Je prenais place parmi les femmes, ne parlais pas à Farid, participais aux tâches ménagères et me laissais initier à la cuisine tunisienne traditionnelle. Un jour, je m'assis à côté de la mère de Farid et l'aidai à laver le linge. Après ce moment passé en tête à tête, je me sentis un peu plus à ma place.

Quant aux sœurs et aux cousines de Farid, elles me pressaient de questions sur la vie en Allemagne.

Certaines d'entre elles étaient en terminale et rêvaient de partir étudier en Europe.

— Une fois que vous aurez le baccalauréat, le monde vous tendra les bras, leur assurai-je.

Mais, le jour où je leur expliquai combien il était enrichissant de découvrir d'autres cultures, je compris à leurs yeux écarquillés que cela n'allait pas de soi pour elles. Je préférai me taire, de peur de les froisser. Finalement, je me sentais bien, dans cette famille haute en couleur et totalement différente de la mienne. Cette impression de vivre dans un cocon m'avait cruellement manqué, et j'avais envie d'intégrer ce clan dont la cohésion me rassurait.

Sur le chemin du retour, Farid ne manquait pas de me féliciter pour mes progrès. J'en étais ravie.

Néanmoins, il m'arrivait encore de commettre des erreurs, qui me valaient d'être fusillée du regard par la mère de Farid. Un jour, je me mis à pleurer. Par ces larmes, je le couvris indirectement de ridicule, ce qui n'empêcha pas certains de ses proches de me consoler.

— Excusez-moi, balbutiai-je. S'il vous plaît, un peu d'indulgence ! Je suis allemande, j'ai besoin de temps pour m'adapter.

Allemande, vraiment ? Qui étais-je, au juste ? Par moments, ma volonté de ne pas décevoir Farid était si forte que j'avais l'impression de ne plus vraiment exister par moi-même. Voilà comment j'avançais dans la nouvelle vie que j'avais choisie.

Après que l'un de ses camarades de promotion eut décroché une bourse pour partir étudier en

Belgique, Farid voulut l'imiter, une fois sa thèse terminée. Pour postuler, il devait prouver qu'il était en mesure de subvenir seul à ses besoins durant toute la durée de son séjour, car il ne pourrait ni travailler ni demander d'allocations. Il remplit les documents nécessaires en prenant quelques libertés avec la réalité.

Farid n'était pas regardant quant à la spécialisation, du moment qu'il en suivait une. Et, comme il maîtrisait le français, la Belgique semblait tout indiquée. S'il avait su parler allemand, nous aurions pu chercher dans mon pays d'origine.

Nous épluchâmes donc la liste des cliniques belges. Le plus souvent, c'était moi qui appelais, présentais Farid et dressais la liste de ses compétences. Finalement, sa candidature fut retenue par un hôpital de Bruxelles, où il suivrait une formation de médecin du travail. Nous ne tarderions pas à découvrir que celle-ci consistait en deux heures de cours par semaine. Une vaste plaisanterie.

Je me chargeai de nous trouver un logement convenable à Bruxelles, ce qui se révéla plus compliqué que prévu. Mon choix se porta sur un petit deux pièces tout sauf coquet. Nous étions cernés par les barres d'immeubles, et le quartier ne disposait d'aucun espace vert. Mais je m'en accommodai, car nous ne comptions pas nous y installer définitivement, juste le temps que Farid se spécialise.

Les hôtels de Belgique n'ayant guère besoin de responsables de groupes, je dus chercher un emploi dans un autre secteur. Cela ne fut pas facile non plus mais, heureusement, je pus compter sur le soutien sans faille de Farid, qui tenait absolument à ce que je travaille. Sans doute ne voulait-il pas me voir tourner en rond, comme lui. L'inactivité lui pesait, voire le déprimait. Il vivait dans un pays étranger, sa famille lui manquait, ses amis aussi, et il n'avait que deux heures de cours par semaine. Comment occuper le reste du temps quand on a très peu d'argent et qu'on se retrouve coincé dans un petit appartement ?

Je finis par trouver un mi-temps dans une grande entreprise chimique, où j'enseignais l'allemand à des cadres flamands. Sans l'aide financière de mon père et de ma grand-mère, nous n'aurions même pas eu de quoi nous nourrir.

Au mois de septembre 2001, nous rendîmes visite à ma grand-mère, qui vivait à Velbert, non loin de Düsseldorf. Je ne puis affirmer avec certitude qu'elle appréciait Farid en tant qu'homme, mais une chose était sûre : elle adorait son métier. Chaque occasion était bonne pour lui parler de ses soucis de santé, ainsi que de ceux du voisinage. Pour elle, la barrière de la langue n'était pas un problème. Si Dieu nous avait pourvus de mains et de pieds, autant s'en servir, non ? Et puis sa petite-fille était là pour servir d'interprète si elle en avait assez de gesticuler. Quant à Farid, il l'écoutait avec la plus grande attention, tout en hochant la tête et plissant le front. Pour résumer, il se montrait sous son meilleur jour. Il allait jusqu'à lui prendre le pouls, ce qui avait le don de la faire fondre.

— Dès que je le vois, je me sens rajeunir ! me confia-t-elle un jour.

— J'en suis ravie.

De mon côté, je n'étais guère impressionnée par les méthodes de Farid, qui, de mon point de vue, étaient dépassées. Il prescrivait des antibiotiques pour un simple rhume. C'était sa réponse à tout, il les considérait comme un remède universel, une sorte de potion magique. Pour ne rien arranger, il était maladroit, pour ne pas dire empoté. Il ne savait pas préparer un œuf sur le plat, alors suturer une plaie… Je n'avais pas d'objection à ce qu'il prenne le pouls de ma grand-mère, tant qu'il en restait là.

Bien que, par le passé, je me sois intéressée à la médecine alternative – j'avais même failli devenir naturopathe –, Farid me prenait pour une profane. Mon approche était radicalement différente de la sienne. En tant qu'adepte de l'anthroposophie, je considérais les patients avant tout comme des êtres humains. Farid, lui, aurait été parfaitement à sa place dans un grand laboratoire pharmaceutique. La médecine était un sujet récurrent de friction entre nous.

Il fallait se rendre à l'évidence : nous étions plus heureux en Tunisie.

6

11 septembre 2001

Ce jour-là, Farid et moi étions à Düsseldorf. Alors que je me trouvais dans un magasin d'électroménager, des images de gratte-ciel et de nuages de fumée passaient en boucle sur les écrans de télévision, le son coupé. Je crus d'abord à une fiction. Même scène dans une deuxième boutique. En voyant l'attroupement devant les écrans géants de la gare, où je retrouvai Farid en fin d'après-midi, je commençai à comprendre. Les gens se taisaient et tentaient de prendre la pleine mesure des événements. Nous passâmes la soirée chez ma grand-mère, devant les informations. Les noms de certains pirates de l'air circulaient déjà.

Je pressentis immédiatement que les attentats du 11 septembre allaient bouleverser le cours de notre existence. Mon désespoir alla grandissant lorsque je constatai que Farid n'éprouvait pas la moindre compassion à l'égard des victimes. Il semblait même content de voir l'Amérique touchée en plein cœur. Je crus tout d'abord qu'il ne se rendait pas compte de la gravité de la situation. Puis qu'il ne la comprenait que trop bien et préférait ne rien laisser paraître, afin de ne pas m'inquiéter. De me protéger.

— On va s'en sortir, dis-je en lui posant la main sur le bras.

Peut-être cherchais-je avant tout à me rassurer moi-même.

— Bon, on regarde un film ? se contenta-t-il de répondre.

Deux jours plus tard, ma grand-mère me demanda comment j'envisageais l'avenir.

— Et maintenant, quels sont tes projets, Tina ?

— La situation s'annonce compliquée pour les ressortissants arabes. Je suppose que l'image des musulmans va être ternie dans le monde entier.

— Je n'aurais jamais imaginé une chose pareille, même dans mes pires cauchemars, répondit ma grand-mère en poussant un profond soupir.

Du haut de ses quatre-vingt-cinq ans, elle avait déjà traversé bien des périodes difficiles, mais les attentats l'avaient particulièrement bouleversée. Elle secouait la tête tout en lâchant des bribes de phrases sans queue ni tête (« Les avions... Ces pauvres gens... Les tours ! ») et en revenait sans cesse aux victimes, ce qui semblait agacer Farid. Par ailleurs, ce dernier se moquait de moi quand je m'inquiétais des répercussions de ces attentats sur notre quotidien. Il disait que j'étais paranoïaque.

Heureusement, je pouvais compter sur ma grand-mère pour me prêter une oreille attentive et me réconforter. Née en 1916, elle avait connu deux guerres mondiales. Elle était donc bien placée pour savoir que la vie était un cycle, que les périodes fastes succédaient aux crises, et inversement. Il fallait s'adapter. Selon elle, le tout était de profiter des bons moments pour emmagasiner des ondes positives et de s'en nourrir dans les moments difficiles, au lieu de sombrer dans le désespoir.

— Ne te mets pas martel en tête, Tina. Les répercussions ne seront peut-être pas si catastrophiques, à long terme. Commencez donc par rentrer en Belgique. C'est un pays cosmopolite, les étrangers y sont bien acceptés. Tout ira bien. N'oublie pas : souvent, on s'imagine à tort le pire des scénarios.

Je hochai la tête, pensive.

— Tu as peut-être raison. Et puis il y a beaucoup de musulmans, en Belgique.

— Ah, tu vois ! Farid ne sera pas tout seul, là-bas. S'il a le mal du pays, il trouvera sûrement un Tunisien avec qui discuter.

Un jour de novembre 2001, je compris que j'étais enceinte. J'aimais Farid plus que tout, je voulais fonder une famille avec lui, mais pas ici, pas maintenant. Le moment était mal choisi pour avoir un enfant. Nous nous connaissions depuis relativement peu de temps, nous ne disposions d'aucune source de revenus fixe, sans oublier que la vie à Bruxelles ne nous convenait pas. Il y avait trop de bitume et pas assez de verdure pour qu'un enfant s'y épanouisse.

Lorsque j'annonçai à Farid que j'étais peut-être enceinte, il voulut immédiatement en avoir le cœur net. Difficile de dire s'il était content ou non. Farid était médecin, il lui fallait des faits. Nous prîmes donc rendez-vous pour une échographie.

Trois heures plus tard, je tenais en main une photo de notre futur enfant. Enfin, on voyait surtout un triangle noir ponctué de quelques taches blanches. Le gynécologue en désigna une et s'exclama : « Toutes mes félicitations ! » Le disait-il à tous les couples, ou seulement à ceux qu'il sentait réjouis de la nouvelle ?

Farid, tenant à me montrer que lui aussi était un médecin compétent, examina la photo sous tous les angles.

— De quelle couleur sont ses yeux ? plaisantai-je.

La lueur de malice dans les yeux de Farid me laissa croire que tout se passerait bien.

Pour fêter l'événement, nous décidâmes d'oublier nos problèmes d'argent le temps d'une soirée. Nous sortîmes dîner dans un restaurant italien, où nous commandâmes une pizza pour deux personnes et un dessert.

Même si j'étais enchantée par cette nouvelle, même si Farid semblait lui aussi ravi à l'idée d'être père, je n'abordais pas cette grossesse avec sérénité, car je pensais souvent à mes deux fils, les frères du bébé que je portais. Pourquoi ne trouvais-je pas la force de me battre pour les revoir ? Je me consolais en me raccrochant à l'espoir qu'un jour Farid, mes trois enfants et moi formerions une grande famille unie.

Souvent, je posais les mains sur mon ventre et jurais à ce petit être qui grandissait en moi que jamais, jamais, jamais, jamais je ne l'abandonnerais. Que rien ni personne ne nous séparerait. Que, cette fois, je ferais de mon mieux. Je lui promis de lui apporter tout le bonheur possible et d'être toujours présente à ses côtés.

Plus mon ventre s'arrondissait, plus j'étais heureuse et confiante en l'avenir. Je n'avais qu'une hâte, tenir enfin ce bébé dans mes bras. J'estimais qu'une vie sans enfants ne valait pas la peine d'être vécue.

7

Le mariage

Nous décidâmes de nous marier le 2 février 2002. Mais la date que j'avais choisie en espérant qu'elle nous porterait bonheur fut en réalité le pire jour de ma vie, celui qui marqua le début de ma descente aux enfers. Plus tard, un employé de l'état civil me confia qu'il constatait plus de divorces chez les couples superstitieux.

Le mariage eut lieu en Belgique. Mon père, ma sœur, son compagnon et mes deux grands-mères étaient présents. Du côté de Farid, seuls quelques proches vivant à Paris ainsi qu'un confrère de l'hôpital firent le déplacement. Il regretta amèrement de ne pouvoir organiser un mariage tunisien traditionnel, et je partageais son sentiment, car cela devait être une fête inoubliable. Et puis les femmes de sa famille m'auraient prêté main-forte.

Au lieu de cela, je dus me débrouiller seule, malgré ma grossesse et les fréquentes nausées qui l'accompagnaient. Je nettoyai l'appartement de fond en comble, m'occupai de la décoration, de la cuisine et des boissons. Farid, lui, ne leva pas le petit doigt. Tout reposait sur mes épaules. Après le mariage civil, une petite fête eut lieu chez nous. Néanmoins,

Farid ne prit pas la peine de veiller à ce que nos invités aient à boire et à manger. Il estimait que c'était mon rôle. Du jour au lendemain, Farid devint le mari macho qui jugeait normal de se faire servir.

Je n'avais pas imaginé mon mariage ainsi, bien au contraire. Je croisai à plusieurs reprises le regard inquiet de ma sœur. Heureusement qu'elle et son compagnon étaient là pour m'aider, emporter la vaisselle sale dans la cuisine et laver quelques verres. Non, ce ne fut pas le plus beau jour de ma vie, loin de là. Je n'avais même pas eu droit à une vraie demande en mariage. La décision avait été prise comme ça, au débotté. Parce que cela nous faciliterait l'existence. Parce que j'étais enceinte. Parce que nous comptions nous installer en Allemagne. « Nous » ?

Farid, qui assumait difficilement le fait que je sois tombée enceinte alors que nous vivions simplement en couple, avait insisté sur ce point : il était hors de question que notre enfant naisse hors mariage, nous devions donc régulariser la situation avant l'accouchement. Pour ma part, je trouvais sa réaction touchante. N'était-ce pas une preuve de son intégrité, de son soutien ?

Ma naïveté n'avait d'égale que ma crédulité.

Les Tunisiennes se préparaient toute leur vie aux noces, qu'elles considéraient comme le point d'orgue de leur existence. L'identité du futur époux les taraudait également, et certaines unions étaient arrangées depuis longtemps. La constitution du trousseau qu'elles présentaient à cette occasion était, elle aussi, lourde de sens. Les jeunes filles qui se montraient sérieuses et économes disposaient de draps, de mouchoirs, de vaisselle et d'autres objets du quotidien. Une bonne épouse dirigeait la maison et ne pouvait quitter le domicile conjugal sans l'autorisation de son mari, dont elle dépendait juridiquement.

Mon trousseau était réduit à la portion congrue : je possédais quelques meubles Ikea, une voiture, et je payais le loyer ainsi que les dépenses quotidiennes. Du point de vue de Farid, je n'avais donc rien d'une jeune femme sérieuse, et je pouvais m'estimer heureuse qu'il m'ait choisie. Il était donc normal que je serve les invités à mon propre mariage et, à plus long terme, que je m'emploie à satisfaire ses moindres désirs. De mon côté, j'étais prête à tout pour préserver l'harmonie de notre couple. Hélas, j'avais tout faux. Farid, qui attachait une importance toute particulière au mariage, l'avait imaginé autrement. Certes, une Européenne est heureuse de se marier, mais elle ne passe pas des années à s'y préparer. Farid, lui, aurait donné n'importe quoi pour célébrer notre union en présence de sa grande famille. Et il se retrouvait privé de cette belle fête par ma faute.

Sur le moment, j'étais trop débordée pour remarquer son désarroi. Mais, après le départ des convives, je le vis pleurer pour la première fois, car personne ne l'avait appelé pour le féliciter.

— Peut-être que le téléphone est en dérangement, dis-je pour le consoler.

Farid me lança un regard noir.

Il me tenait pour responsable de cette situation, car je n'étais pas tunisienne. C'était à cause de moi si nous vivions dans ce pays horrible. Après tout, qui lui avait trouvé cette formation qui se limitait à deux heures de cours le samedi après-midi et où il s'ennuyait à mourir ? Le reste du temps, il était condamné à se tourner les pouces, car il n'avait pas le droit de travailler. Il se sentait humilié.

Je baissai les yeux. Farid n'avait pas prononcé un mot, mais je savais pertinemment ce qu'il me reprochait. Soudain, il bondit, m'attrapa par le bras, me tira jusqu'à la chambre et me jeta sur le lit. Puis, tout en jurant en arabe, il alla dans la cuisine et revint avec les sacs-poubelles gigantesques où ma sœur et son compagnon avaient jeté les restes de viande, de sauces et de crudités, les serviettes, les mouchoirs utilisés, les mégots de cigarettes et les filtres à café. Il les déchira et les vida sur moi. Je me recroquevillai sur moi-même pour protéger mon ventre et fondis en larmes. Je venais de changer les draps, et voilà que le lit empestait les détritus. Farid sortit, claqua la porte et la verrouilla de l'extérieur.

Je ne sais pas combien de temps je restai là, immobile. Je finis par me dégager lentement des immondices, puis m'enfouis sous une couverture et tentai de respirer calmement. C'était un cauchemar, j'allais me réveiller.

Au bout d'un long moment, j'entendis le téléphone sonner et Farid répondre d'une voix enjouée. Peu après, la clé tourna dans la serrure.

— Jette ces cochonneries et nettoie la chambre, m'ordonna Farid.

Je m'exécutai.

8

Notre petite princesse

Dès le lendemain, je me réveillai avec la conviction que, si nous avions pris un mauvais départ, c'était à cause de la vie que nous menions à Bruxelles. Cette ville ne nous convenait pas, il fallait partir. Tout s'arrangerait une fois que nous aurions quitté la Belgique. Farid avait besoin d'une activité stimulante pour s'épanouir, et non d'une formation au rabais. Il était intelligent, ambitieux, et méritait une seconde chance.

Et moi ?

Moi, il fallait que je tienne bon jusqu'à ce que notre situation financière s'améliore. Que je prenne garde à ne pas provoquer Farid. Je gardais en mémoire notre bonheur en Tunisie, l'amour qui nous unissait, nos espoirs. Je n'envisageais pas une seconde de rompre. J'étais enceinte et je voulais que mon enfant grandisse au sein d'une famille heureuse et unie. Mais déménager était une condition *sine qua non*.

Au printemps 2002, nous nous installâmes dans le Niederrhein, non loin de mon père et de ma sœur. Alors que j'étais ravie de me rapprocher enfin de ma famille, Farid restait difficile à dérider. Comme il ne parlait pas allemand, il avait du mal à trouver un poste de médecin.

Je lui suggérai de suivre des cours dans une université populaire, mais monsieur refusa, estimant qu'il valait mieux que cela.

Ma grand-mère, qui pensait elle aussi que les médecins étaient au-dessus du lot, lui paya des cours intensifs d'allemand à l'institut Goethe. Farid, très motivé, passait ses journées à apprendre ses leçons et progressait à vitesse grand V. Il faut savoir que les Tunisiens sont habitués très tôt à jongler avec plusieurs langues. En plus de leur langue maternelle, ils commencent à apprendre l'arabe littéraire dès six ans et le français dès neuf ans. Par la suite, la plupart d'entre eux prennent également des cours d'anglais. J'étais persuadée que Farid se sentirait plus à l'aise et que cela aurait un effet bénéfique sur notre couple. J'étais aussi passée par là. Pour moi, cela suffisait à expliquer la mauvaise humeur permanente de Farid.

De plus, il avait une mine épouvantable. Tout d'abord, je crus que le soleil lui manquait. Comme je pouvais difficilement recréer un microclimat méditerranéen près de la frontière néerlandaise, je me pliais en quatre pour lui rendre le sourire et lui faire oublier l'éloignement géographique. Mais son teint cireux, son regard vitreux m'inquiétaient de plus en plus et, un jour, il finit par me dire la vérité. Ce qu'il craignait depuis un certain temps déjà venait d'être diagnostiqué : il souffrait d'une hépatite C, certainement contractée au cours de ses études en Tunisie.

On ne peut pas être vacciné contre l'hépatite C – maladie qui se transmet par le sang. Les personnes travaillant en milieu hospitalier y sont particulièrement exposées, ainsi que les toxicomanes qui s'échangent des seringues. Elle peut également être contractée lors de la manipulation de poches de sang. Il n'existe pas non plus de médicament efficace à cent pour cent, même si un traitement à long terme peut éradiquer les cellules virales qui attaquent le foie.

Je ne savais rien de tout cela. J'ignorais par exemple que ce traitement très coûteux avait des effets secondaires non négligeables tels que la dépression, ce dont je ne tarderais pas à me rendre compte par moi-même. Farid avait des sautes d'humeur de plus en plus fréquentes, se vexait pour un rien et se montrait agressif. De mon côté, je vivais toujours aussi mal les tensions et les conflits, qui ravivaient l'angoisse de séparation dont je souffrais depuis le décès de ma mère. Mais, comme nous vivions encore de beaux moments de tendresse, j'imputais mon mal-être à ma grossesse, qui en était à un stade avancé.

Comme je voulais accoucher dans l'environnement le moins médicalisé possible, je choisis de mettre notre bébé au monde non à l'hôpital, mais dans une villa reconvertie en maison de naissance. Je rencontrai les sages-femmes à plusieurs reprises. Compétentes et chaleureuses, elles m'inspiraient confiance. Je pouvais également compter sur le soutien de Farid, qui approuvait ma démarche. Il n'essaya pas de me convaincre de me rendre dans un hôpital classique. Il m'accompagna également aux cours de préparation à la naissance et me prodigua des massages durant l'accouchement.

Et voilà que notre fille était dans mes bras. Nous la considérions comme notre petite princesse et l'appelâmes en conséquence : Emira. J'étais épuisée, mais ravie. Tout allait pour le mieux.

Enfin non, pas tout. Je redescendis de mon petit nuage en entendant la voix de Farid, tranchante comme une lame de rasoir. Il insistait auprès de deux sages-femmes pour qu'un pédiatre pratique un nouvel examen sur Emira. Le ton montait.

— Ce n'est pas dans nos habitudes.

— Je suis médecin, je sais que c'est nécessaire.

Les sages-femmes tentèrent d'expliquer patiemment à Farid qu'elles avaient bien procédé à l'examen postnatal, ainsi que l'exigeait la loi. Le pédiatre n'intervenait qu'en cas de problème, or Emira était en pleine forme.

— Mais qui êtes-vous pour en juger ? vociféra Farid.

Sur ce, les sages-femmes le prièrent de sortir. Une fois cette parenthèse refermée, je m'assoupis au côté de mon bébé.

Emira était née à quatre heures du matin. À six heures, je sentis Farid me secouer.

— On s'en va !

Je me frottai les yeux, encore tout endormie.

— Allez, debout !

— Mais…

Je ne sus quoi ajouter et fondis en larmes, tout en balayant du regard cette chambre qui me plaisait tant. Où allais-je pouvoir me reposer ? Je m'étais fait une telle joie de passer encore une ou deux journées dans cette atmosphère paisible avec mon bébé. Farid et moi en étions convenus afin de prendre tranquillement nos marques et d'accueillir notre fille au calme, loin du stress quotidien.

— Appelle ton père et dis-lui de venir nous chercher !

— Farid, s'il te plaît ! J'ai accouché il y a deux heures, au cas où tu aurais oublié. Je suis fatiguée, j'ai perdu beaucoup de sang et je…

— Appelle ton père tout de suite.

— Farid, s'il te plaît. S'il te plaît, je…

— Je ne passerai pas une heure de plus ici avec ces stupides bonnes femmes. C'est inadmissible ! J'attends d'un personnel médical qu'il soit compétent. Elles, elles ne connaissent rien à rien !

Son visage se tordit en une affreuse grimace, tandis qu'Emira commençait à s'agiter. La voyant se crisper, je compris qu'elle était sur le point de pleurer.

Je saisis le téléphone sur-le-champ et demandai à mon père de venir nous chercher.

Il arriva une demi-heure plus tard. Il prit tendrement sa petite-fille dans les bras et me jeta un regard furtif. Mais il ne posa aucune question et nous reconduisit à la maison en silence.

Dans l'après-midi, l'une des sages-femmes sonna à la porte. Elle était censée me rendre visite quotidiennement au cours des premiers jours suivant mon retour à la maison. Évidemment, Farid l'envoya promener.

— Je voudrais voir votre femme, insista la sage-femme.

— Elle va très bien.

— J'aimerais autant le vérifier par moi-même.

— Rien ne m'oblige à vous laisser entrer.

— Certes, mais je tiens à voir votre femme.

— Je suis médecin, je maîtrise la situation.

Oh oui, Farid maîtrisait la situation. La preuve, il jeta le téléphone ainsi qu'un annuaire sur le lit.

— Trouve un pédiatre disponible aujourd'hui pour pratiquer un examen complet sur Emira. Et renseigne-toi sur les vaccins.

— Mais elle est bien trop petite pour se faire vacciner, laissai-je échapper.

— Je t'ai dit de te renseigner, répliqua sèchement Farid, comme chaque fois que j'osais le contredire.

L'accouchement m'avait laissée dans un tel état d'épuisement que je n'eus pas le courage de protester. Mais pourquoi Farid ne pouvait-il pas simplement se réjouir d'avoir un enfant en bonne santé ? Pourquoi ne me faisait-il pas confiance ?

Sans doute fallait-il lui laisser le temps de s'habituer à son nouveau rôle de père. Rien de plus normal qu'il soit stressé ; il s'inquiétait pour la petite et pour moi, d'autant plus que je voulais l'allaiter. Il se calmerait une fois qu'Emira serait examinée par un médecin. J'imputai sa réaction à l'amour qu'il nous portait et ne lui en tins pas rigueur. De toute façon, dans ma situation, avais-je réellement le choix ?

Deux heures plus tard, je commençai à désespérer : impossible de trouver un pédiatre disponible dans la journée, car il ne s'agissait pas d'une urgence. Quant à Farid, il n'hésita pas à me dire que, si je ne trouvais personne, c'était ma faute. Selon lui, je m'y prenais mal pour expliquer le « problème ».

Très vite, je compris que cette visite médicale symbolisait notre entrée dans une vie de famille normale. À moi de la décrocher, quoi qu'il en coûte.

Finalement, j'obtins un rendez-vous chez un pédiatre qui connaissait bien ma famille, pour avoir suivi ma sœur des années durant. Il nous accueillit chaleureusement et évoqua le souvenir de ma mère.

— J'étais très triste en apprenant son décès. C'était une femme joyeuse que j'avais toujours plaisir à croiser.

— Merci, murmurai-je.

Je serrai les dents pour ne pas pleurer et, à mon grand soulagement, le médecin changea de sujet. J'aurais tout donné pour que ma mère soit à mes côtés.

Maintenant que j'avais une fille, je mettrais tout en œuvre pour que nous ayons la même complicité que ma mère et moi. Je serrai Emira contre moi, tout en essayant de surmonter l'inquiétude que m'inspirait le comportement de Farid. Il fallait que je tienne le coup. Tout allait s'arranger. Sans doute.

Alors que le pédiatre nous félicitait d'avoir donné naissance à un aussi beau bébé, Farid l'interrompit et lui demanda de procéder à l'examen.

Le médecin, un homme relativement âgé à la mine bonhomme, avait une certaine expérience de la vie. À ces mots, il posa tour à tour les yeux sur Farid, puis sur moi. Je me gardai bien d'intervenir. Assise en face de lui, crispée et recroquevillée sur moi-même, je l'implorai du regard.

Le silence se prolongea. Puis le pédiatre, pensif, hocha doucement la tête, signe qu'il avait bien compris le message.

Les sages-femmes avaient raison, Emira était en parfaite santé. Après avoir fixé un rendez-vous de suivi, nous rentrâmes à la maison. Désormais, plus rien ne s'opposait à ce que nous menions une paisible vie de famille.

J'avais tout faux. C'était compter sans Farid.

J'avais beau me sentir très faible après l'accouchement, Farid ne se crut nullement obligé de me prêter main-forte pour les tâches ménagères. La bonne marche du foyer dépendait toujours de moi.

Heureusement, mon père essayait de m'aider autant que possible, en nous apportant par exemple un repas chaud tous les jours. Et, même s'il ne disait rien, je voyais qu'il avait vraiment de la peine pour moi.

En revanche, Johanna, ma sœur, préféra rester en retrait. Elle avait peur de Farid, qui s'était montré plusieurs fois grossier envers elle. Il la considérait comme une traînée, sous prétexte qu'elle avait un petit ami et portait des mini-jupes. Le genre de réflexions qu'il ne se serait jamais permis en Tunisie.

Je ne le reconnaissais plus. Qu'était devenu le Farid charmeur et sûr de lui ?

9

Un terroriste dans mon lit

Une certaine routine s'installa dans les semaines qui suivirent. Tous les matins, je conduisais Farid à la gare. De là, il prenait le train pour Düsseldorf et arrivait une heure et demie plus tard à l'institut Goethe, où il suivait des cours d'allemand. J'allais le chercher en fin de journée. Comme il rentrait souvent fatigué et tendu, il aurait nettement préféré retrouver un bébé bien sage qui ne pleurait pas. Et il ne se gênait pas pour dire que j'étais responsable des cris et du sommeil agité d'Emira.

— Pourquoi elle ne dort pas ? Qu'est-ce que tu fabriques ? Pourquoi tu n'arrives pas à la calmer ? Je vais finir par croire que tu n'es pas une bonne mère.

Ces propos me blessaient dans ma chair, car ils me rappelaient les relations compliquées que j'entretenais avec mes deux fils. Ma quête d'un idéal familial, semblable à celui dans lequel j'avais grandi, s'était soldée par un échec cuisant, et j'en souffrais beaucoup. Ce n'est sûrement pas ce qu'il a voulu dire, me répétais-je sans cesse. Farid était surmené, entre les trois heures de train quotidiennes et ses longues listes de vocabulaire à apprendre. Une fois les cours intensifs d'allemand terminés, il se détendrait.

Des excuses, encore et toujours. Une vieille habitude.

Tout le monde se connaissait, dans notre petite ville du Niederrhein, mais, plus le temps passait, plus je me renfermais. J'aurais payé cher pour installer Emira dans sa poussette et me mêler aux autres mères de famille, qui formaient ce que j'appelais le « clan des poussettes ». Hélas, me lier d'amitié avec elles alors que j'avais épousé un Maghrébin était mission impossible. Les voir discuter ensemble me renvoyait à mon propre isolement, et je finis par les éviter au maximum. Depuis le 11-Septembre, n'importe quel homme un tant soit peu « typé » passait pour un terroriste potentiel. Les personnes que je côtoyais n'osaient pas exprimer leur méfiance tout haut, mais je la lisais dans leurs yeux.

J'avais vécu la même chose en Tunisie. Je demeurais différente des femmes nées là-bas, même si je m'étais démenée pour m'intégrer et ne pas commettre d'impair. J'avais décidément bien du mal à trouver ma place.

Un jour, je pris mon courage à deux mains et poussai la porte d'une structure d'accueil parents-enfants. Six mamans buvaient une tasse de thé en mangeant des gâteaux. Malgré leur accueil chaleureux, je restai sur mes gardes, trop habituée que j'étais aux regards inquisiteurs et aux jugements de valeur. Comme l'une de ces femmes me semblait particulièrement intéressante, je surmontai ma timidité et lui proposai une promenade.

— Désolée, mais je n'ai pas une minute à moi en ce moment, répondit-elle.

Je n'insistai pas. Plus tard, j'appris complètement par hasard qu'elle et son mari étaient en train de faire construire une maison, ce qui, en effet, devait leur prendre beaucoup de temps.

J'éprouvais les plus grandes difficultés à sortir de ma réserve. Peut-être redoutais-je simplement d'entrer en contact avec des femmes « normales » qui menaient avec un mari « normal » une vie de couple « normale » d'où étaient absents les reproches, les insultes et les humiliations.

À qui aurais-je pu raconter les incidents terribles qui émaillaient mon quotidien ? Finalement, cela m'arrangeait de ne connaître personne. Ainsi, je n'avais pas à parler, ou pis, à mentir, ce qui aurait été péché, *haram*. La Bible et le Coran se rejoignent au moins sur ce point. « Tu ne mentiras point », disent-ils tous deux.

Je n'eus pas besoin de me confier à mon père. Mais, n'ayant jamais été confronté à ce genre de problèmes, il n'osa pas aborder le sujet. Il me laissait vivre ma vie et, comme à son habitude, se gardait d'émettre un quelconque jugement.

Alors que, plus jeune, je trouvais son attitude géniale, à présent, il m'arrivait d'espérer qu'il intervienne auprès de Farid. À d'autres moments, j'étais soulagée qu'il se montre si discret. En effet, qu'aurais-je pu lui répondre ? Mes rêves s'étaient envolés, il n'y pouvait rien.

Je suis convaincue que l'expérience est primordiale dans la construction d'un être humain, qu'elle permet d'acquérir un savoir que nul ne peut transmettre. Mais elle peut également pousser à la faute. Ainsi mon père, traumatisé par l'éducation extrêmement sévère qu'il avait reçue, voulut prendre le contre-pied de ce qu'il avait connu et préféra ne jamais rien m'imposer. Ma mère et moi, en revanche, aurions pu discuter. Entre femmes. Entre amies.

Je savais qu'Emira, qui avait la peau claire et les yeux verts, comme moi, ne serait pas rejetée. Dans une grande ville comme Düsseldorf, nous aurions pu changer facilement de quartier et repartir de zéro. Là-bas, des milliers de mères de famille sortaient promener leurs enfants en poussette, et les aires de jeux ne manquaient pas. Pour l'heure, je tournais en rond dans la petite localité où nous vivions. Même si j'aimais passer mes journées avec Emira, je me sentais souvent seule, et Farid me manquait. Pourtant, le soir, quand il rentrait à la maison, l'atmosphère était tellement tendue que je ressentais un certain soulagement en le redéposant à la gare le lendemain matin. Mais, très vite, je ressassais. Et ce, tous les jours.

Un jour, une voisine vint engager la conversation. Je sortis quelque peu de ma réserve en apprenant qu'elle s'appelait elle aussi Tina. Nous avions au moins un point commun, et pas des moindres ! Tina, qui vivait seule avec ses trois enfants au rez-de-chaussée, était d'une nature joyeuse, positive et sociable. Elle m'invita – avec mon mari, bien entendu – à la grande fête qu'elle organisait pour son quarantième anniversaire. Mais je dus supplier Farid de m'accompagner.

— Allez, s'il te plaît ! Tout se passera bien, avec l'écoute-bébé.

— Hors de question que j'aille chez une mère célibataire.

— Mais elle n'y est pour rien, si son mari l'a quittée !

— Il avait certainement ses raisons.

— Dans ce cas, j'irai seule.

Ainsi, j'espérais convaincre Farid de venir, mais il se contenta de hocher la tête. Il semblait même soulagé.

De mon côté, je n'avais guère envie de sortir sans lui, mais ma fierté était en jeu. S'il croyait que j'allais rester à la maison avec lui, il se mettait le doigt dans l'œil !

Le soir venu, je me maquillai et m'habillai avec soin, tout en répétant à Farid que l'écoute-bébé était décidément une invention fabuleuse. Il ne répondit pas, mais je compris à son regard qu'il désapprouvait mon attitude. Une femme mariée qui sortait s'amuser sans son époux… *Haram !*

Les invités de Tina me posèrent des questions sur Farid, sans jamais se montrer méfiants vis-à-vis de ses origines. Au contraire, ils auraient été ravis de le compter parmi leurs amis, tous venus des quatre coins du globe.

En début de soirée, je prétextai qu'il était très occupé. Au bout d'un moment, je finis par dire la vérité.

— Il n'a pas voulu venir.

— Ça ne me suffit pas, comme réponse, répliqua l'un des invités.

Bien décidé à convaincre Farid de se joindre à nous, l'homme monta d'un pas décidé jusqu'à notre appartement et sonna. Il tenait un magasin de matériel informatique et connaissait mon mari de vue. Mais il redescendit bredouille.

— Effectivement, il n'a pas du tout envie de descendre.

À sa mine déconfite, je compris que Farid ne s'était pas montré très aimable. J'avais honte de lui, et, dans ces conditions, difficile de vraiment profiter de la fête. J'avais l'impression de ressentir son énervement, malgré les étages qui nous séparaient.

Mal à l'aise, je préférai ne pas m'attarder. Comme je m'y attendais, Farid me réserva un accueil glacial. Il refusait de sociabiliser avec les Allemands. Pourtant, il était bien content que ces mêmes personnes financent son traitement hors de prix contre l'hépatite, pensai-je, furieuse. Mais lui refusait de se lier d'amitié avec qui que ce soit.

Tina, en s'intéressant à moi, agitait sans le vouloir un chiffon rouge sous le nez de Farid, qui ne la considérait pas comme une femme respectable et craignait qu'elle exerce une mauvaise influence sur moi. Il ne comprenait pas comment je pouvais ne pas m'en rendre compte. Heureusement qu'il était là pour veiller sur moi !

De mon côté, je défendais Tina.

— Tu te trompes, c'est une femme forte et courageuse qui élève seule ses trois enfants !

Chaque fois, Farid me riait au nez.

— En quoi est-ce admirable ? C'est une traînée, et il est hors de question que ma femme côtoie ce genre de personne.

Dans les pays arabes, une femme est rapidement stigmatisée pour peu qu'elle porte un T-shirt à manches courtes ou une jupe qui lui arrive au-dessus du genou, qu'elle fume ou qu'elle rie un peu trop fort en public – en bref, qu'elle se fiche du qu'en-dira-t-on, comme en Occident. Une femme respectable renonce à son épanouissement per-sonnel au profit de sa famille. D'ailleurs, il ne s'agit pas d'un sacrifice, mais d'un enrichissement, comme on le lui serine depuis sa plus tendre enfance.

Alors qu'en Tunisie Farid se montrait tolérant, loin de chez lui, il semblait avoir changé du tout au tout. Parfois, je me demandais ce qu'il avait pensé de moi, la touriste qui avait tout de suite accepté de boire un verre avec lui. Je ne pouvais croire qu'il me méprisait parce que j'avais grandi dans une autre culture, en femme libre.

Pour ma part, j'avais toujours été fascinée par les cultures différentes de la mienne. Jamais je ne me serais permis de juger qui que ce soit par rapport à ses origines ou à sa religion et, pourtant, je vivais avec un homme qui s'y croyait autorisé.

Quelques années plus tard, je serais effarée par les propos qu'Emira tiendrait sur le diable. Je lui retirerais le foulard dont sa grand-mère lui avait recouvert les cheveux à grand renfort d'épingles. Mais je n'en étais pas encore là. À cette époque, l'espoir l'emportait encore sur la raison, et j'étais bien incapable d'admettre que quitter Farid aurait certainement été la meilleure solution. Or, à présent, je me rends bien compte que nous n'étions pas heureux ensemble. Je vivais dans le déni, je passais mon temps à lui trouver des excuses et consacrais toute mon énergie à essayer de le comprendre. La forte personnalité de Farid, qui m'avait tant séduite durant les premiers mois, me pesait, à présent, d'autant qu'elle allait de pair avec un profond mépris. Je sentais le cocon douillet que j'avais tenté de construire se resserrer autour de moi, telle une immense toile d'araignée. Redoublant d'efforts pour satisfaire Farid, inconsciemment, je commençais à le craindre et n'osais plus me rebeller. « Me rebeller », quelle drôle d'expression, venant d'une Allemande qui vivait au vingt-et-unième siècle ! Elle me rend perplexe aujourd'hui encore.

Trop occupée à survivre au quotidien, j'évitais de me poser des questions sur le moment. J'avais pour priorité de ne pas contrarier Farid, sinon il me jetait divers objets à la figure. Je me souviens encore du jour où un pot de confiture me frôla la tête : impossible de nettoyer les traces rouges sur le mur. J'avais beau frotter, elles étaient plus claires, certes, mais toujours visibles. Farid, le regard noir, me reprocha une nouvelle fois de ne pas savoir entretenir mon intérieur.

Redoutant un nouveau conflit, je cessai de fréquenter Tina. Dès que je l'apercevais dans la rue, je l'évitais. Je redoutais qu'elle me demande comment j'allais, car je ne voulais ni lui mentir ni parler de Farid en mauvais termes. Il ne fallait pas oublier que la situation de mon mari n'avait rien d'enviable, dans ce pays où de nombreuses personnes le soupçonnaient d'être un terroriste potentiel. J'essayais de me mettre un peu plus à sa place.

À force d'endosser la responsabilité de tous les problèmes que nous rencontrions, je devins sa marionnette sans même m'en rendre compte. Je doutais sans arrêt de moi-même. Farid était de mauvaise humeur par ma faute, car je l'agaçais avec mes maladresses. Le jour où je parviendrais à lui concocter un repas typiquement tunisien, il me considérerait comme une épouse digne de ce nom. Quand Emira cesserait de se réveiller la nuit, il verrait que j'étais une bonne mère. Donc, plus je redoublerais d'efforts, plus nous serions heureux. Et puis nous nous aimions, n'est-ce pas ?

L'amour s'alimente, au propre comme au figuré, me dis-je un jour. Et là, j'eus l'idée de me consacrer à la cuisine tunisienne. J'appris à préparer le couscous, je n'achetais que dans des commerces tenus par des Tunisiens, j'allais même parfois jusqu'à Venlo, aux Pays-Bas. Je m'épuisais à trouver des produits de première fraîcheur, des herbes et des épices authentiques, j'essayais désespérément d'imiter les plats que j'avais goûtés dans la famille de Farid. Pour l'amadouer. Pour m'occuper l'esprit.

Je me démenais d'autant plus qu'en Tunisie j'avais senti combien la valeur d'une épouse était fonction, entre autres, de ses talents de cuisinière. Cependant, j'accumulais les échecs, faute de parvenir à dénicher les ingrédients parfaits. Dans le pire des cas, Farid balançait son assiette par terre. Le reste du temps, il se servait avec des gestes tellement brusques qu'il tachait sa chemise. Parfois, il avait de la nourriture jusque sur le visage, mais peu lui importait. L'essentiel était de me montrer que j'avais encore beaucoup à apprendre.

Un jour, nous rendîmes visite à ma grand-mère, qui prêta une forte somme d'argent à Farid. Celui-ci avait donc toutes les raisons d'être content mais, sur le chemin du retour, il fut odieux et la conversation s'envenima très vite. Nous nous disputions constamment pour des broutilles, à savoir la couleur d'un logo, la direction à prendre ou le prix d'un objet, au centime près. La discussion la plus banale menaçait de dégénérer en un débat sans fin où chacun voulait avoir le dernier mot, surtout depuis que j'avais décidé de ne plus m'écraser. Ce soir-là, il était tard et Emira avait faim. Alors que je roulais à cent quarante kilomètres à l'heure sur la file de gauche, Farid me cracha au visage.

— Tu n'es qu'une sale petite garce, grommela-t-il en arabe.

Les mains tremblantes et le cœur battant à vive allure, j'allumai mon clignotant, me rabattis devant un camion, vérifiai dans le rétroviseur qu'Emira dormait, puis m'arrêtai à la sortie suivante.

— Je suis désolée, mais je vais te demander de descendre. Tu n'as qu'à rentrer à pied, la maison n'est plus très loin. Moi, je vais passer chez mon père.

Sans un mot, Farid descendit et claqua la portière.

Cette fois, je ne pus garder ce terrible incident pour moi et fondis en larmes devant mon père.

Lorsque je lui racontai que Farid m'avait craché dessus, il pâlit, puis devint écarlate. Je ne l'avais encore jamais vu dans cet état.

— On va chez toi ! dit-il en sortant d'un pas décidé.

Au détour d'un virage, nous aperçûmes Farid qui flânait, manifestement peu inquiet. Mon père m'ordonna de m'arrêter, puis descendit de la voiture encore en marche. Farid se retourna, le reconnut et prit ses jambes à son cou. Il parvint à entrer dans l'appartement avant que mon père le rattrape.

Il nous fallut du temps pour reprendre nos esprits. Mon père, qui avait toujours fait preuve de gentillesse et de compassion à l'égard d'autrui, était scandalisé. Lui qui n'avait jamais levé la main sur personne ne se serait pas gêné pour donner une bonne correction à Farid, s'il avait réussi à le rattraper.

À partir de ce jour-là, il cessa toute relation avec mon mari. De toute façon, il ne l'avait jamais apprécié, il le trouvait ridicule, avec ses costumes hors de prix, ses grands airs et son impertinence. Il le considérait comme un fumiste qui cherchait sans cesse à attirer l'attention. Dire que je continuais à le défendre !

— Papa, Farid se conduit ainsi parce qu'il n'a pas confiance en lui. N'oublie pas qu'il vit dans un pays étranger.

Mais c'était fini. Maintenant que mon père ne trouvait plus de circonstance atténuante à Farid, j'étais encore plus isolée. Jamais il ne m'incita à le quitter, mais je sentais bien que, de son point de vue, le divorce était inévitable. Pour moi, c'était hors de question. Je me disais que, tant qu'il y avait de la vie, il y avait de l'espoir. Oui, je continuais à espérer. Nous ne pouvions pas en rester là. J'avais tout quitté, j'avais abandonné ma formation, je subvenais aux besoins de Farid... Et puis Emira avait le droit de grandir entourée de ses deux parents, je me devais de lui donner cette chance.

Je me réfugiais dans le passé ; je repensais au soleil, aux palmiers, aux embruns, au souk et aux effluves d'épices. À l'époque, nous dansions des nuits entières, nous croquions la vie à pleines dents. Je lisais des promesses de bonheur et de sérénité dans les yeux de Farid. Autant de souvenirs auxquels je me raccrochais, pour mieux oublier que vivre à ses côtés avait fait de moi une femme aveugle qui s'effaçait devant l'agressivité et le mépris.

10

Le passeport tunisien

Farid considérait Emira comme la prunelle de ses yeux, son bien le plus précieux sur terre. Bref, il l'adorait. Il la photographiait sous toutes les coutures, puis collait soigneusement ses clichés dans des albums qu'il envoyait à sa famille. Dès qu'il franchissait le seuil de la porte, ses premiers regards et ses premières paroles étaient pour elle. Emira l'intéressait bien plus que moi, la potiche. Mais j'essayais de ne pas me formaliser. N'était-ce pas la preuve que Farid se conduisait en père aimant ? Et puis une bonne mère devait savoir rester en retrait. J'en pris mon parti, par amour pour ma fille.

Mais, un soir, peu avant Noël, il arriva ce que j'avais toujours redouté : la poudrière qu'était devenue ma vie explosa. Alors qu'Emira dormait, Farid voulut s'en prendre physiquement à moi. Il s'approcha pas à pas, les yeux écarquillés et le visage tordu en une horrible grimace. L'air semblait littéralement vibrer autour de lui, il était comme possédé par un esprit malfaisant. Je tremblais, je transpirais de la tête aux pieds, j'étais tétanisée, et pourtant, je n'avais qu'une envie, prendre la fuite.

— Je vais appeler la police ! criai-je, le souffle court.

À ces mots, il éclata de rire.

Je saisis le téléphone, sortis sur le palier et composai le numéro de Police secours.

— Venez vite, s'il vous plaît ! J'ai très peur de mon mari !

Farid ne me quittait plus des yeux. Il me toisait, un sourire narquois aux lèvres et les bras croisés, l'air de savourer le spectacle.

Un quart d'heure plus tard, deux policiers sonnèrent à notre porte. Farid, la politesse incarnée, leur ouvrit et les pria d'entrer, avant de s'excuser pour le dérangement. Il prétendit que j'avais les nerfs à fleur de peau depuis la naissance du bébé. Qu'y pouvait-il, en tant que mari, à part se montrer patient ? Il demanda même aux policiers s'ils avaient des enfants.

Lui, en tout cas, il n'y était pour rien. Il m'avait remerciée de lui avoir préparé son plat préféré. Son seul tort avait été de me dire gentiment qu'il préférait la recette de sa mère.

— C'est humain, non ? conclut-il.

L'un des policiers sourit, tandis que l'autre patientait en retrait.

— Vous confirmez, madame ?

— Oui, murmurai-je.

En présence de Farid, je n'avais plus aucune volonté. Et puis il avait dit la vérité, ou presque. Il ne m'avait ni remerciée ni parlé gentiment. Une fois encore, j'avais eu droit à une démonstration de force.

— Madame Rothkamm, vous êtes sûre que tout va bien ? insista le policier.

J'acquiesçai.

— Vous n'avez besoin de rien ?

Je secouai la tête.

Les policiers se consultèrent du regard.

— Au risque de me répéter, je suis vraiment navré que vous ayez été dérangés pour une broutille, s'excusa Farid, toujours obséquieux.

Lorsqu'il s'approcha de moi et me passa le bras autour de l'épaule, je faillis me sentir mal.

Peut-être avais-je tout imaginé. Farid n'avait pas plus levé la main sur moi qu'il ne m'avait jeté de vaisselle à la figure. J'esquissai un sourire forcé afin de donner le change aux policiers. En aucun cas je ne voulais confirmer l'idée reçue selon laquelle les couples biculturels étaient voués à l'échec. Ce n'était pas notre cas. Les difficultés que nous rencontrions s'expliquaient par nos conditions de vie, et non par les origines de Farid, dont j'adorais le pays.

Depuis la fenêtre, Farid regarda les policiers repartir en voiture. Puis, la mine satisfaite, il s'affala sur le canapé et alluma la télévision.

Comme ses cours à l'institut Goethe allaient bientôt prendre fin, Farid contacta des cliniques dans toute l'Allemagne avec l'espoir de trouver une place d'interne. Le domaine lui importait peu, du moment qu'il travaillait. Mais il essuya refus sur refus, ce qui ne fit qu'accroître sa frustration et sa nervosité. De mon côté, je passais de plus en plus de temps aux fourneaux et multipliais les petites attentions afin de lui redonner le sourire. Sans succès, car Farid n'était jamais à court d'arguments pour me critiquer. Pour lui, j'incarnais la médiocrité. La petite était enrhumée parce que je ne l'avais pas assez couverte. La petite dormait mal parce que je l'avais énervée. La poussette était cassée parce que je n'avais pas fait assez attention en la manipulant. Et, bien sûr, ma cuisine laissait grandement à désirer.

Je n'émis aucune objection le jour où il m'annonça qu'il comptait déposer une demande de passeport tunisien pour Emira. Comme elle était née en Allemagne de mère allemande, elle avait un passeport allemand. Cela me paraissait suffisant, mais je voyais bien que Farid y tenait. Emira était sa fille, et la Tunisie, son deuxième pays. Si cette démarche le rendait heureux, je n'allais pas m'y opposer.

Ce que j'ai pu être bête ! Mais, à l'époque, j'étais loin d'imaginer que Farid, grâce à ce passeport, exercerait sur moi le plus odieux des chantages. Sur le moment, j'y vis surtout l'occasion de changer d'air. Nous allâmes au consulat de Tunisie, puis, sur le chemin du retour, nous rendîmes visite à ma grand-mère.

Comme à son habitude, Farid parvint à lui extorquer de l'argent. Cette fois, il prétexta qu'il avait le mal du pays. Il n'était pas rentré voir sa famille depuis si longtemps...

— Vous avez bien mérité quelques jours de vacances, dit ma grand-mère. Ton mari a travaillé dur pour apprendre l'allemand.

En guise de remerciement, Farid lui prit le pouls.

11

Pauvres le jour, armés la nuit

Emira avait huit mois lors de son premier séjour en Tunisie. Sa naissance m'avait conféré un nouveau statut au sein de la famille de Farid. D'un côté, cette maternité me valut d'être accueillie à bras ouverts. Ne venais-je pas d'accomplir ma destinée de femme ? De l'autre, je tombai sous la coupe des autres femmes de la famille, pour qui, par exemple, me promener seule avec ma fille était *haram*. En Tunisie, une femme ne pouvait pas aller et venir comme bon lui semblait. Si elle sortait, c'était pour aller soit en cours, soit au travail. Le reste du temps, elle se consacrait entièrement à son mari et à ses enfants.

Je m'accommodais des contraintes qu'impliquait le mode de vie tunisien, car j'avais à cœur de m'intégrer le mieux possible dans le pays d'origine de Farid. Je tenais tellement à ce que ses proches m'acceptent ! Je me sentais terriblement seule, là-bas, loin de mon père, de ma sœur et de mes grands-mères. Je vivais également très mal le fait de devoir traiter mon mari comme un étranger en présence de sa famille. Je n'avais pas le droit de m'asseoir à côté de lui, j'étais censée l'ignorer, et on attendait de moi que j'y parvienne sans aucune difficulté, ce qui n'était pas le cas, bien au contraire. Cette distance m'était déjà pénible lorsque nous formions un couple heureux. À présent, elle me pesait doublement.

Un jour, je ne pus retenir mes larmes et suivis discrètement Farid jusqu'aux toilettes.

— Farid, je me sens si seule…, articulai-je entre deux sanglots.

— Tu es hystérique. Tu sais bien que c'est *haram*, répondit Farid, avant de tourner les talons.

Au moment où je lui courus après, il se passa quelque chose que j'eus du mal à comprendre. À l'image de mon cœur, mon nez se mit à saigner. Sentant que Farid demeurait insensible à mes larmes, je pris Emira, l'installai dans sa poussette, sortis en trombe et me mis à marcher sans plus m'arrêter. Ma fille s'époumonait, ballottée sur la chaussée défoncée. J'étais perdue depuis longtemps lorsque j'aperçus un policier. Je lui emboîtai le pas et réussis à le rattraper. Enfin quelqu'un qui allait m'aider !

Il se contenta de me toiser en esquissant une grimace de mépris, puis continua à marcher. Je le contournai, mais il m'esquiva une nouvelle fois. Reprenant ma course folle, je remarquai que toutes les personnes que je croisais détournaient le regard. Le trottoir était de plus en plus accidenté, les rues, de plus en plus sales et poussiéreuses. Je finis par m'arrêter, à bout de souffle.

Où me trouvais-je ? Quelle direction prendre ?

À cet instant, Farid surgit de nulle part, juché sur son vélo.

— Ah, te voilà. On va passer à table. Tu viens ?

Il s'adressa à moi le plus normalement du monde. Toujours d'un calme olympien, il salua une voiture qui passait dans l'autre sens, puis fit mine d'examiner ses ongles.

Je le dévisageai, médusée.

— Quoi ?

— Tu ne voudrais quand même pas faire attendre ma famille ? répondit Farid en affichant une mine contrite.

— Non, bien sûr que non.

En rentrant, je me débarbouillai avant de rejoindre les autres. J'étais vraiment repoussante, avec tout ce sang sur la figure. Pourtant, si les rôles avaient été inversés, si j'avais croisé une femme dans cet état en Allemagne, je serais allée lui porter secours, au lieu de l'abandonner à son triste sort.

Un adage bien connu des Tunisiens dit : « Pauvres (*M'saken*) le jour, armés (*Skaken*) la nuit. » Les habitants de M'saken ont la réputation d'être particulièrement agressifs, or Farid revendiquait ses origines.

Je repris espoir lorsque Farid, à notre retour de Tunisie, fut accepté comme interne à l'hôpital d'Essen. Il voulut déménager sur-le-champ, car les longs trajets quotidiens qui l'attendaient lui paraissaient insurmontables. Je lui suggérai d'attendre la fin de sa période d'essai, mais impossible de le raisonner. Au contraire, il me chargea de trouver un appartement à Essen et d'organiser le déménagement.

Je m'exécutai, mais nous connûmes plusieurs ratés. De temps à autre, nous louions notre voiture à des Polonais. Lorsque ceux-ci furent impliqués dans un accident, je découvris qu'ils n'étaient pas assurés et dus payer les réparations. J'avais trop l'habitude d'être tenue pour responsable de tout pour protester. De façon générale, notre situation financière n'était guère brillante. Alors que nous disposions d'un budget pour le moins réduit, Farid dépensait à tort et à travers, s'abonnait à toutes sortes de revues et multipliait les achats sur Internet, si bien que je dus me déclarer insolvable. Cette fois, j'eus bien trop honte pour emprunter de l'argent à ma grand-mère.

Pour Farid, il ne s'agissait là que de « petites déconvenues ». Hors de question qu'il s'en préoccupe, lui, le grand médecin ! Autre argument invoqué pour ne pas participer au déménagement : les démarches administratives concernant le passeport d'Emira n'en finissaient pas.

Au moindre contretemps, la responsable était donc toute désignée. Pourquoi se compliquer la vie ?

Je me plaisais dans notre nouvel appartement d'Essen, situé au cœur d'une cité-jardin classée monument historique. De plus, nos voisins étaient sympathiques et n'avaient aucun préjugé contre les Maghrébins. Je fis également la connaissance d'une Allemande mariée à un Turc.

Il fallait maintenant que Farid soit engagé de façon ferme et définitive par la clinique. Il avait déjà trop attendu de pouvoir exercer. Une fois l'essai transformé, nous repartirions sur de bonnes bases.

Lorsque Farid fut refusé, il se dit victime de persécutions.

— Comment ça ?

— Ils ont trouvé du sang mal nettoyé dans le laboratoire et m'ont accusé. Mais je n'y étais pour rien.

Je le regardai, désemparée.

— Je n'y étais pour rien. Dis-le, reprit-il d'un ton calme, mais menaçant.

— Mais, enfin, Farid, je n'en sais rien !

— Une bonne épouse doit soutenir son mari. En toutes circonstances.

À en croire l'expression de son visage, me taire restait la chose la plus intelligente à faire. Je tentai de le dérider en lui cuisinant son plat préféré. L'assiette finit par terre.

Je craignais de devoir affronter un nouvel orage, mais Farid se trouva une nouvelle lubie : son nez, qu'il jugeait trop bosselé. Il y consacrait tout son temps et toute son énergie. Une éventuelle intervention serait remboursée par l'assurance maladie, alors pourquoi se priver ?

Farid alla donc voir un médecin en prétextant souffrir d'une cloison nasale qui l'empêchait de respirer convenablement. Comme il allait passer sur le billard, ne pouvait-on pas en profiter pour corriger cette vilaine bosse ?

Le médecin accepta.

Farid avait cette bosse depuis un accident de voiture survenu dans sa jeunesse. Je n'étais pas opposée à ce qu'elle disparaisse, même si elle ne m'avait jamais choquée.

L'opération se déroula parfaitement, et Farid, même s'il avait encore les yeux gonflés après l'anesthésie, put sortir de l'hôpital peu de temps après. À la vue de son gros bandage, Emira prit peur et fondit en larmes. Et, à peine rentré à la maison, il se mit à saigner du nez, une véritable hémorragie. Or, qui avait choisi l'oto-rhino-laryngologiste ? Moi. Farid le grand médecin me tint donc pour responsable.

— Quel charlatan ! s'écria-t-il.

Voyant qu'il commençait à paniquer, je le reconduisis à l'hôpital, tandis qu'une voisine veillait sur Emira.

Sur place, les médecins ne parvinrent pas immédiatement à endiguer l'hémorragie. Je crus que Farid allait se vider de son sang. De plus, il souffrait atrocement. Quant à moi, j'étais bouleversée, je ne l'avais jamais vu dans cet état, et lui qui n'avait jamais été particulièrement croyant alla jusqu'à invoquer Dieu. Je restai à son chevet, sans jamais lui lâcher la main. Je suppliai les médecins de lui administrer des analgésiques plus puissants, d'agir ! Finalement, Farid fut réopéré en urgence et ne put quitter l'hôpital avant un long moment. Bien sûr, je lui rendis visite tous les jours.

Une fois son état stabilisé, j'essayai de tirer des enseignements positifs de cette expérience. Peut-être Farid avait-il enfin compris qu'il pouvait compter sur mon soutien, dans les bons comme dans les mauvais moments, que je l'aimais.

Hélas, rien n'alla en s'arrangeant car, à la suite de l'intervention, Farid sombra dans la dépression. J'essayais tant bien que mal de lui remonter le moral, ce qui n'avait rien de facile, car j'étais très inquiète. Avec l'entrée en vigueur de la réforme Hartz IV, nous risquions à tout moment de perdre nos indemnités chômage. Je tentai de me convaincre que ce n'était là qu'une épreuve de plus à surmonter et que nous y parviendrions. Ensemble.

Mes inquiétudes à propos de l'avenir de Farid se dissipèrent le jour où son frère l'informa qu'un club de vacances huppé de Djerba cherchait un médecin pour prendre en charge le service de thalassothérapie. Un poste parfait pour Farid. Celui-ci retournerait vivre en Tunisie, où de riches touristes lui assureraient une source de revenus confortable.

La chance semblait enfin nous sourire.

12

Retour en enfer

Farid quitta définitivement l'Allemagne au cours de l'été 2004. J'approuvais son choix, car l'Europe ne nous avait rien apporté de bon, et ce retour en Tunisie nous permettrait de prendre un nouveau départ. Il fut convenu que Farid nous devancerait et réglerait les dernières formalités sur place, tandis que je viderais l'appartement d'Essen. J'étais persuadée que Farid serait bien plus à l'aise dans son pays natal, qu'il serait plus facile à vivre, entouré de sa famille et de ses amis, sous le soleil de Tunisie. Et puis il exercerait enfin.

Au cours des quelques semaines que je passai seule à Essen avec Emira, je constatai, non sans surprise, que nous nous débrouillions très bien sans Farid, et que son absence ne nous pesait pas, au contraire. Nous eûmes également la chance de profiter d'un superbe été indien, et passions tous nos après-midi dehors. Comme je voulais retrouver la forme, je m'inscrivis dans une salle de sport. À force de m'y rendre tous les matins, j'eus enfin l'impression de redevenir moi-même, la vraie Tina, celle qui était à l'écoute de son corps et attachait énormément d'importance au bien-être. Quant à

Emira, elle s'amusait comme une petite folle dans la piscine à balles de la salle de sport.

En somme, nous étions heureuses et savourions ces moments de détente. Je rencontrai également d'autres mères de famille avec qui j'allais me promener au zoo ou au square et recontactai Tina, mon ancienne voisine.

— Tu as l'air bien plus détendue, depuis le départ de Farid, me dit-elle un jour, alors que nous dégustions une glace.

Elle a raison, pensai-je.

Mais était-ce normal ? En tant qu'épouse, pouvais-je m'autoriser à me sentir mieux en l'absence de mon mari ?

— C'est parce que je suis contente de repartir vivre en Tunisie, répondis-je pour mieux botter en touche.

— Et tu as bien meilleure mine, aussi. Tu parais moins soucieuse, moins stressée.

— Je m'inquiète moins, maintenant que Farid a des perspectives d'avenir.

Pour la première fois depuis que nous nous connaissions, Tina me caressa les cheveux. Je ne sus qu'en penser.

— Tu es bien sûre de vouloir vivre là-bas ?

Quelle question ! J'en rêvais, même, et mon mari attendait que je le rejoigne. Ou peut-être essayais-je de m'en convaincre.

Sentant que je m'engageais sur une pente savonneuse, je regardai Tina avec méfiance et tournai les talons. Mieux valait faire la sourde oreille. Certes, elle avait du mal à s'en sortir, seule avec trois enfants à charge, mais ce n'était pas une raison pour que je me justifie.

Toutes mes pensées se tournaient vers Djerba, la prometteuse, la mystérieuse ! Je me croyais dans un conte des *Mille et Une Nuits*.

Nous repartirions sur de bonnes bases. Bientôt, Farid n'aurait plus le sentiment de vivre à mes crochets. Tout bien considéré, ce qui posait problème, dans notre couple, c'était avant tout que Farid ne gagne pas sa vie. En Tunisie, la tradition exige que le mari subvienne aux besoins de sa famille. Même si Farid vivait avec son temps, il avait certainement beaucoup souffert de dépendre de mes grands-mères et de moi. Il n'en fallait pas moins pour le blesser dans son orgueil.

Un jour, il m'appela, euphorique.

— Tout va pour le mieux ! J'ai trouvé un local pour mon cabinet, et mon frère va m'aider à m'installer. Je suis vraiment heureux que Tarek me soutienne autant.

— Et tu nous as trouvé un logement ?

Cette question me taraudait.

— Oui, juste à côté du cabinet.

— Chauffé et lumineux, comme nous en étions convenus ?

Je jugeai utile de le lui rappeler, sachant que la plupart des habitations tunisiennes n'étaient pas équipées de radiateurs et que les températures hivernales pouvaient se révéler difficilement supportables, quand on ne disposait en tout et pour tout que d'un petit poêle à charbon. C'était inenvisageable pour Emira et moi.

Farid éclata de rire. Évidemment, quelle question idiote !

Alors que je faisais don de la majeure partie de mes meubles, je ne pus m'empêcher de penser que tous ces déménagements successifs m'avaient privée de l'essentiel. Je ne me sentais nulle part à ma place. J'arrivais dans une nouvelle ville, je rencontrais de nouvelles personnes, et à peine commençais-je – non sans peine – à tisser des liens qu'il fallait déjà repartir. C'est mon dernier déménagement, décrétai-je. Cette fois, nous allons poser nos valises pour de bon et profiter de la vie. Cette perspective m'aida à avancer. Je m'engageai sur un nouveau chemin, censé, celui-ci, me mener vers un avenir radieux.

J'eus beau prendre le strict nécessaire, ma Kangoo était chargée jusqu'au plafond. Voyant qu'il n'y avait quasiment plus de place pour Emira, je décidai de lui épargner le long trajet en voiture suivi de la traversée en ferry. Ma sœur prendrait l'avion avec elle pour Djerba. Comme Emira adorait Johanna, sa présence l'aiderait à mieux vivre la séparation, aussi brève soit-elle.

Je pensai également à la tortue que Farid et moi avions rapportée en cachette de Tunisie dans un paquet de cigarettes. Retour à la maison pour tout le monde ! Juste avant le départ, prise par le temps, je chargeai directement les tiroirs de ma commode dans la voiture sans les vider.

En Suisse, non seulement le tunnel du Gothard était fermé, mais la neige tombait dru. Ma voiture était tellement lourde que je dus franchir le col en première, et le chargement ayant tendance à m'entraîner en arrière, je frôlai le tête-à-queue. Le nez collé au pare-brise, je suppliai ma voiture d'avancer. « Je t'en prie, ce n'est pas le moment de me lâcher ! » Une fois au sommet, je tapotai le volant en guise de remerciement. « Tu t'en es bien sortie. » C'était la première fois de ma vie que je parlais à une voiture ! Nous franchîmes le col, puis il fallut redescendre, mais nous y arrivâmes.

Je ralliai Gênes sans encombre, mais très en retard, à cause de la neige, et embarquai en dernier sur le ferry. La traversée se déroula sans incident.

À la douane tunisienne, je n'échappai pas aux formalités d'usage.

— Baissez les vitres.

— Non, sinon tout le chargement va se déverser à l'extérieur. Vous voyez bien que ma voiture est pleine à craquer.

Les douaniers, faisant mine de n'avoir rien entendu, se penchèrent et regardèrent à l'intérieur du véhicule. Entre les sachets de soupe lyophilisée, les ouvre-boîtes, les couverts et autres réserves de spaghettis, ma voiture était un véritable capharnaüm.

— Baissez les vitres !

— Mais j'ai dû rentrer tout ça au chausse-pied !

Avec le recul, je me demande où j'ai trouvé le courage de tenir tête à des douaniers. Dans ma hâte de retrouver Farid et de prendre un nouveau départ, j'aurais pu déplacer des montagnes. En tout cas, mon insolence finit par payer, et la voiture resta fermée.

Après cinq cents kilomètres à rouler sur une route dangereuse et encombrée de poids lourds, j'atteignis Djerba, une île accessible par voie aérienne, maritime ou terrestre. Je choisis la dernière option et m'engageai sur la voie romaine reliant Zarzis à Djerba. Farid et moi nous croisâmes à l'exact milieu du pont. Alors que je ne l'avais pas vu – il avait loué une voiture pour rendre visite à l'un de ses patients –, lui reconnut immédiatement ma Kangoo bleue et m'appela sur mon portable. Je me garai sur le bas-côté, le temps qu'il rebrousse chemin. Lorsqu'il descendit de voiture, nous nous sourîmes. Puis nous commîmes un grave péché : nous nous jetâmes dans les bras l'un de l'autre en public. Quel accueil ! À l'instant où je plongeai mes yeux dans ceux de mon mari, je sus que j'avais pris la bonne décision. Deux mois auparavant, c'était un Farid pâle et déprimé que j'avais conduit à l'aéroport, et voilà que je me retrouvais face à un bel homme tout de blanc vêtu. Je pleurai de joie. Pourquoi n'étions-nous pas rentrés plus tôt en Tunisie ? La morosité de ces derniers mois nous aurait été épargnée !

Malheureusement, je ne tardai pas à déchanter. J'avais certes tourné le dos aux difficultés de la vie en Allemagne, mais de nouveaux soucis m'attendaient au tournant, à commencer par l'appartement que Farid m'avait décrit avec enthousiasme. Je découvris qu'il était sombre, humide et en sous-sol.

— C'est provisoire, m'assura-t-il. Et reconnais qu'il est idéalement situé : mon cabinet est juste là, à gauche.

Farid attachait évidemment beaucoup moins d'importance à l'appartement qu'au cabinet, son futur gagne-pain. Je décidai de m'en accommoder, avec l'espoir que cette situation ne s'éterniserait pas, et m'extasiai dûment devant son nouveau lieu de travail.

Nous attendîmes le lendemain matin pour décharger la voiture. Il n'y avait rien de cassé, même la tortue était saine et sauve. Quant à moi, l'épouse du médecin, je ne manquai pas d'attirer l'attention du voisinage, entre mon pantacourt et mes méthodes de rangement peu orthodoxes. La nouvelle de mon arrivée se répandit comme une traînée de poudre. Je remarquai même que certains habitants du quartier s'arrangeaient pour passer et repasser devant chez nous, l'air de rien, tout en nous observant à la dérobée.

Farid, lui, me demandait de me dépêcher. Il devait avoir des projets pour cette première journée à deux, pensai-je, toute contente. Peut-être voulait-il me montrer l'île ? J'avais hâte de découvrir mon nouvel environnement.

Oui, Farid avait des projets, il avait besoin de la voiture pour régler des affaires importantes, et, non, je ne pouvais pas l'accompagner, car il devait également rendre visite à des patients et, non, il ne savait pas à quelle heure il rentrerait.

— Mais je suis sûr que tu ne t'ennuieras pas une seule seconde, conclut-il en désignant le bric-à-brac entassé sur le trottoir. Et commence par dégager ce qu'il y a devant, que je puisse m'en aller.

Je m'efforçai de ne rien laisser paraître de ma déception, alors que j'étais blessée au plus profond de moi-même. Après deux mois de séparation, nos retrouvailles de la veille sur le pont avaient fait s'envoler la souffrance des dernières semaines. Je tentai de garder la tête froide. Le travail d'abord. Farid commençait tout juste à exercer et avait une réputation à construire. Et, bien sûr, un médecin se déplaçait en voiture. Qu'auraient pensé ses patients, s'ils l'avaient vu descendre du bus ? Personne ici ne savait qu'il n'avait pas le permis. En Allemagne, ma grand-mère, toujours aussi dévouée, lui avait payé des leçons de conduite, mais il avait échoué à l'examen. En tout, il l'avait raté une fois en Allemagne et sept en Tunisie. Difficile à croire de ce ponte de la médecine, si intelligent, si cultivé... et toujours tiré à quatre épingles. Il ne lui manquait plus qu'une Ferrari pour compléter le tableau. Dire que je n'avais qu'une petite cylindrée à lui proposer !

À l'époque, je n'étais pas consciente du fossé qui s'était creusé entre nous. Je continuais à espérer, alors que notre relation se détériorait.

Le lendemain, Farid réquisitionna à nouveau la voiture toute la journée. Heureusement, Emira, qui me manquait terriblement, arriva avec ma sœur. Elle avait réservé un hôtel dans notre quartier. Comment Johanna avait-elle deviné que nous n'étions pas en mesure de l'héberger ? Loin de profiter de ses vacances, elle m'aida à m'installer, notamment en vidant et en rangeant le contenu des cartons. Nous ne vîmes pas le temps passer et, très vite, Johanna dut reprendre l'avion pour l'Allemagne. J'étais seule désormais.

Je redoutais l'hiver, qui n'allait pas tarder à arriver. Il pouvait être particulièrement rude à Djerba. Pourquoi Farid ne m'avait-il pas écoutée lorsque je lui avais dit de choisir un appartement chauffé et lumineux ?

— Demande à mon frère, c'est lui qui s'est occupé de nous trouver un logement, se justifia-t-il vivement.

Je dus me mordre les lèvres pour ne pas lui rappeler qu'à sa demande je m'étais occupée de rapatrier toutes nos affaires d'Allemagne. Que si j'avais chargé la voiture à la dernière minute, c'était parce que j'avais parcouru des kilomètres et des kilomètres pour satisfaire ses moindres désirs. Comme le matériel médical coûtait très cher, j'avais sillonné les routes des journées entières à la recherche de blouses, de tensiomètres, de bandages, de seringues, de canules, de stéthoscopes, de scalpels et d'otoscopes à prix préférentiels. J'avais tout payé de ma poche, non sans contracter quelques dettes. Et mon mari n'avait même pas fait l'effort de trouver un logement digne de ce nom !

Ressentant le besoin de me confier, j'appelai Johanna.

— Tu connais Farid, pourtant. Tu continues à croire qu'il a changé ? me demanda-t-elle.

— Oui et non.

Oui, je le connaissais. Oui, j'espérais le voir changé par son retour au pays. Nous avions vécu de si bons moments au début de notre relation…

— Je pensais qu'il se sentirait mieux, une fois qu'il exercerait. C'est important, l'estime de soi, tout le monde le sait.

— En effet.

— Du coup, je suis un peu déçue...

Je me serais volontiers épanchée davantage auprès de Johanna, mais celle-ci n'était pas la mieux placée pour m'écouter. Elle en avait assez que nos conversations tournent sans arrêt autour de Farid.

— Je ne m'étendrai pas sur le sujet, Tina.

Je n'avais donc plus personne à qui me confier. Depuis l'incident du crachat, mon père ne voulait plus entendre parler de son gendre, et je préférais ne pas inquiéter mes grands-mères.

À Djerba, Farid était tenu en haute estime, il était donc impensable que je me confie à mes voisins. Mon niveau d'arabe laissait à désirer, et personne n'aurait accepté de m'écouter me plaindre de mon mari, qui me délaissait. Lui, le grand médecin ! *Haram !* Une bonne épouse ne critiquait jamais son conjoint. Et, en cas de désaccord, ce n'était pas à ce dernier de changer, mais à elle de s'adapter.

Que nous manquait-il pour être heureux ? Une chance nous était donnée de prendre un nouveau départ. L'amour et le soutien étaient toujours présents, du moins, de mon côté. Cependant, nos problèmes ne se régleraient pas d'eux-mêmes. Pour ne rien arranger, à force de me taire pour ne pas contrarier Farid, j'étais de plus en plus renfermée. Finalement, nous rencontrions les mêmes obstacles que bien des couples. Plus les déceptions s'accumulaient, plus nous nous enlisions dans le conflit. Surtout, je voulais à tout prix éviter qu'Emira pâtisse de ces tensions. Chaque journée ressemblait à la précédente, je tournais et retournais les mêmes problèmes dans tous les sens, mais sans saisir qu'il était déjà trop tard et que notre fille aurait à souffrir terriblement de cette situation.

Après avoir aménagé l'appartement aussi correctement que possible, je m'attaquai au cabinet. Je cousis des rideaux, disposai des fauteuils dans la salle d'attente et plantai un oranger sur la terrasse. J'avais également rapporté d'Allemagne quelques jouets en bois, une petite table et quelques chaises afin d'installer un coin enfants, ce qui ne manquerait pas d'épater la clientèle tunisienne de Farid.

Maintenant qu'Emira jouait avec les enfants des voisins, qui avaient son âge, qu'allais-je bien pouvoir faire de mes journées ? Comment me rendre utile ? Je réfléchis à une activité dans laquelle je pourrais m'épanouir, sans pour autant enfreindre les règles de bienséance en vigueur dans le pays où je vivais. La vie des autres femmes du quartier se résumait à la bonne tenue de leur foyer. Elles semblaient s'en contenter, faute d'avoir jamais connu autre chose. En revanche, elles avaient la chance de former une communauté soudée à laquelle je n'appartenais pas. Non pas que l'on m'en ait exclue, mais force était de constater que leurs centres d'intérêt étaient bien différents des miens. Toutes ces règles, ces coutumes implicites... Comment aurais-je pu en prendre connaissance, alors que je vivais dans l'isolement le plus total ?

J'essayai de m'adapter mais, décidément, l'univers dans lequel j'avais grandi n'avait rien à voir avec celui-ci. De plus, personne n'était là pour me soutenir, comme ma mère l'avait fait par le passé. Personne pour me guider patiemment dans cette nouvelle existence, pour me prendre sous son aile et m'aider, sans me rabrouer au moindre faux pas.

Je consacrai les semaines qui suivirent à l'apprentissage de la cuisine tunisienne. Je me disais que Farid mangerait plus volontiers à la maison si je parvenais à concocter ses plats préférés, aussi m'y jetai-je à corps perdu. En face de chez nous se trouvait un magasin de fruits et légumes tenu par un vendeur très sympathique, qui proposait également tous les condiments que j'avais si longuement recherchés en Allemagne. Ils correspondaient exactement à ce que Farid aimait, et cette activité me donnait l'occasion de discuter avec les femmes du voisinage. Les Tunisiennes étant très fières de leur pays, et surtout de sa gastronomie, je n'hésitais pas à leur demander des recettes et des astuces. Je passais souvent trois à quatre heures par jour aux fourneaux pour préparer un couscous, par exemple. Cela ne me dérangeait nullement, au contraire. J'étais excitée comme une enfant dès que je découvrais une nouvelle recette, et il me tardait d'entendre l'avis de Farid.

Hélas, ce dernier ignorait mes efforts, et je souffrais de son manque de reconnaissance. Tant que nous vivions en Allemagne, je lui trouvais une foule d'excuses, quitte à endosser la responsabilité du moindre petit couac. Là, son attitude commençait vraiment à me peser. J'en avais assez, de son mépris et de ses humiliations. Il fallait être deux pour prendre un nouveau départ. Peut-être lui aurait-il aussi fallu une femme prête à tout endurer sans jamais protester, mais ce n'était pas mon genre. Pour ma part, hors de question que je reste là, les bras croisés, alors que tous mes efforts étaient réduits à néant.

Farid, lui, était encore plus irritable depuis qu'il avait de nouveau raté le permis de conduire, même si cela ne l'empêchait pas de monopoliser ma voiture.

— Un jour, la police va t'arrêter et te demander tes papiers, l'avertis-je.

— Qui oserait arrêter un médecin ? rétorqua-t-il en bombant le torse.

En effet, grâce au petit caducée bleu et rouge qu'il avait collé sur le pare-brise, tout le monde, même les analphabètes, savait qu'il était l'un de ces dieux en blouse blanche, un *tabib*. Farid tenait par-dessus tout à faire bonne impression, à incarner le médecin parfait tel qu'il l'imaginait. Dans cette mascarade, Emira et moi n'étions que des figurantes. Une mascarade, oui : ce qui m'arrivait, ce qui nous arrivait me révoltait au plus profond de moi-même. Je ne voyais plus comment discuter avec Farid. Discuter à cœur ouvert, écouter ce que l'autre avait à dire, essayer de le comprendre et d'être comprise. Restait à sauver les apparences, devenues l'unique moteur de notre relation. Personne n'irait chercher plus loin.

Lorsque nous dînions au restaurant, les gens nous observaient, tout sourire, l'air de penser que nous formions une famille modèle. M. le ponte de la médecine, sa femme blonde comme les blés et sa ravissante petite fille, un tableau comme on n'en voyait que trop rarement. Farid se démenait pour donner le change dès que nous étions en public. Il était comme métamorphosé, tout l'inverse de l'homme avec qui je vivais et dont je subissais la mauvaise humeur au quotidien. Il redevenait lui-même dès qu'il franchissait la porte de notre appartement, dont je ne m'occupais pas correctement, selon lui. Il rentrait donc énervé par ma faute.

Je finis par craquer. Un jour, après une dispute particulièrement violente, je pris Emira dans mes bras, me précipitai dehors et pris la voiture. Je n'avais pas quitté l'appartement depuis dix minutes que Farid m'appela sur mon portable.

— Qu'est-ce qui te prend ? Tu vas où, comme ça ?

— J'ai besoin de prendre du recul.

— Du recul par rapport à quoi ?

— C'est un tout. Je... Je ne vais pas bien, il faut que je réfléchisse.

— Tu peux aussi bien réfléchir à la maison, de toute façon, tu n'as que ça à faire de tes journées. Si tu ne rentres pas sur-le-champ, je ne te laisse plus mettre les pieds dans l'appartement.

Je préférai mettre fin à cette conversation et raccrochai. Cinq secondes plus tard, Farid proféra de nouvelles menaces.

— Fais demi-tour tout de suite, ou je te flanque une raclée.

Encore une fois, je raccrochai.

— Si tu ne rebrousses pas chemin immédiatement, crois-moi, tu regretteras d'être née.

Ces mots me remplirent d'effroi. Jusqu'où irait Farid ? Ne sachant que faire ni où aller, je me résolus à rentrer. J'espérais qu'en lui montrant ma bonne volonté il s'adoucirait. Mais, au moment même où Farid, le visage tordu de colère, ouvrit la porte, je compris que j'avais été trop optimiste. Farid se retint tant qu'Emira était réveillée. Celle-ci, en s'agitant toute la soirée, me ménagea sans le savoir un long répit. Mais, en pleine nuit, paniquée, je sortis de l'appartement en criant et tambourinai à la porte de nos propriétaires, qui vivaient à l'étage au-dessus. Voyant combien j'étais terrifiée, ils me laissèrent entrer. Je leur racontai tout sans chercher à protéger Farid. Quelle ne fut pas ma surprise en constatant que le propriétaire et sa femme, qui parlaient tous deux anglais, me prêtaient une oreille attentive. Je me sentis libérée d'un grand poids. L'homme prit même le temps de s'entretenir avec Farid.

Mais, à la suite de cette conversation, celui-ci décida de ne plus me donner d'argent, alors qu'il gagnait très bien sa vie, à présent. Or, depuis que nous vivions en Tunisie, j'étais totalement dépendante de lui, et je refusais de demander de l'aide à mes grands-mères, que j'avais déjà bien assez sollicitées par le passé. De plus, elles aussi pensaient que c'était au mari de subvenir aux besoins de sa famille. Je n'étais guère avancée.

Farid m'expliqua que je devais apprendre à tenir correctement mon foyer, si je voulais vivre comme une vraie Tunisienne et non comme une femme de mauvaise vie. Par exemple, une épouse honorable ne devait servir que de la cuisine maison et ne rien acheter tout fait. Comme si je lui avais déjà servi des plats à réchauffer au micro-ondes !

— Et puis ça coûte moins cher.

— Mais on a de l'argent, maintenant !

Farid sortit une épaisse liasse de sa poche et prit trois billets, avant de se raviser et de ne m'en tendre que deux. Je contemplai ces quelques dinars chiffonnés, perplexe.

— Voilà qui devrait te suffire pour la semaine.

— Mais c'est trois fois rien ! Comment veux-tu que je fasse les courses ?

— Une Tunisienne s'en contenterait.

Sur ce, Farid partit honorer sa consultation dans un hôtel de luxe. Ses liasses de billets ne cesseraient de s'épaissir, lui permettant de s'habiller dans les boutiques les plus chic de la ville. De mon côté, je n'avais plus qu'à apprendre à coudre. En Tunisie, les tissus étaient très bon marché, et on trouvait aussi facilement des vêtements d'occasion.

Consciente que les Tunisiennes arrivaient à vivre correctement avec des salaires très bas, je décidai de ne plus réclamer d'argent à Farid. Au contraire, je comptais lui prouver que, même avec très peu de moyens, j'étais capable de nourrir ma famille, quitte à rester enfermée dans la cuisine seize heures par jour.

Je rentrais régulièrement en Allemagne aux frais de mes grands-mères, qui voulaient voir grandir Emira, et j'en profitais pour me reposer un peu. Cependant, je ne confiais mon mal-être à personne et jouais ainsi le même jeu que Farid. Celui-ci tenait à renvoyer une image parfaite de notre famille, surtout auprès de personnes influentes, car il cherchait à se construire un réseau de relations. Quant à moi, si je l'imitais, c'était pour ne pas inquiéter mes grands-mères.

Farid m'encourageait à retourner en Allemagne et n'aurait pas vu d'objection à ce que je m'absente encore plus souvent, sachant que je rentrerais en Tunisie avec du matériel médical indispensable à la bonne marche de son cabinet. À chacun de mes départs, il me dressait jusqu'à la dernière minute des listes longues comme le bras de ce que je devais rapporter à tout prix. Je m'y employais consciencieusement, car je mettais un point d'honneur à ne pas le décevoir.

Emira adorait l'Allemagne. Elle allait de surprise en surprise et ne cessait de la comparer avec la Tunisie. Certaines de ses observations me faisaient parfois rire aux larmes.

Je me souviens encore du jour où nous prîmes le bus depuis l'aéroport pour aller chez ma grand-mère. À trois ans, Emira s'exprimait déjà très bien. Elle dévisageait les autres passagers, dont la plupart regardaient droit devant eux ou par la fenêtre, comme souvent dans les transports en commun. Tout le contraire de la Tunisie, où tout le monde discute avec tout le monde.

— Maman, ils savent parler, les Allemands ? demanda Emira.

La réponse était oui, comme elle put le constater aussitôt. Les Allemands lui prouvèrent aussi qu'ils savaient rire, car sa question déclencha l'hilarité générale.

Une autre fois, dans le métro, elle scrutait le vernis rouge vif d'une femme en train de lire. Lorsqu'un homme avec un attaché-case s'assit à côté d'elle, elle me demanda pourquoi il avait des ongles normaux.

Mais, un jour, alors que nous prenions le tram au côté de passagers de toutes origines, elle me demanda s'il y avait aussi des Allemands en Allemagne. Cette remarque prêta moins à rire.

En tout cas, elle avait une vision du monde enrichissante. Emira percevait différemment tout ce qui l'entourait, elle qui venait d'ailleurs. Un ailleurs dont je ne tardais jamais à me languir.

Dès que je posais le pied en Allemagne, la Tunisie me manquait – même si j'étais toujours déçue en rentrant, non pas à cause du pays en lui-même, mais de l'homme avec qui je vivais. Je naviguais sans cesse entre deux eaux.

Alors qu'Emira avait trois ans et demi, je sentis que j'étais à bout de forces. Farid me délaissait toujours autant, je vivais dans l'isolement le plus total, complètement livrée à moi-même. J'avais tout tenté, sans succès. De plus, je n'imaginais pas Emira intégrer le système éducatif tunisien. En effet, les écoles maternelles ou les jardins d'enfants tels que je les connaissais n'existaient pas à Djerba. J'avais la nette impression que les enfants étaient scolarisés dans des institutions très strictes où on leur apprenait des chants militaires. Lorsque je visitai deux de ces établissements, mon cœur se serra à l'idée qu'Emira risquait d'y suivre sa scolarité. À coup sûr, elle s'y sentirait brimée. Ma fille évoluant dans un milieu biculturel, j'estimai normal de la consulter.

— Tu te plairais ici ?

Emira se cramponna à moi tout en secouant la tête.

De mon côté, je gardais de très bons souvenirs de ma scolarité dans des établissements pratiquant la pédagogie Steiner-Waldorf. Je profitai donc d'un nouveau séjour en Allemagne pour visiter un jardin d'enfants situé non loin de chez ma grand-mère et vérifier qu'on y privilégiait toujours l'épanouissement personnel des enfants. C'était le cas. Mon enthousiasme n'avait d'égal que celui d'Emira.

— Je pourrais aller dans cette école, maman ?

— Bien sûr, répondis-je spontanément.

13

Étrangère dans mon propre pays

Après avoir longuement hésité, je décidai d'appeler Farid.

— Je ne vais pas bien, je suis à bout. S'il te plaît, essaie de comprendre. J'ai besoin de prendre du recul, de me reposer. Je vais rentrer plus tard que prévu.

— Entendu, répondit Farid.

Sa réaction m'étonna. Cela dit, comment aurait-il pu m'en empêcher ou me menacer ? J'étais en lieu sûr, loin de lui.

Pour moi, rester plus longtemps en Allemagne revenait à me séparer de Farid, mais je n'osais pas le lui annoncer directement. Mieux valait cesser peu à peu toute relation. Je souffrais énormément de comprendre que mes rêves étaient partis en fumée, que j'avais échoué sur toute la ligne. Ma fascination pour la Tunisie, sa culture millénaire et sa religion avaient laissé place à une immense déception, et mon couple allait droit dans le mur. J'avais remué ciel et terre pour qu'Emira grandisse dans une famille stable, en vain. Le constat était atterrant. Je m'étais oubliée, voire perdue, dans le seul et unique but de satisfaire mon mari. De recevoir un peu d'amour. J'étais également furieuse contre Farid, qui avait tout gâché, alors que les conditions étaient réunies pour que nous puissions prendre un nouveau départ. J'avais persévéré, malgré les moments difficiles que nous avions connus en Belgique, puis en Allemagne, et enfin dans l'appartement froid et exigu de Djerba. Nous avions fini par emménager dans une grande maison lumineuse avec chauffage, et l'argent n'était plus un problème depuis longtemps. Enfin, pour Farid, pas pour moi. Il gagnait désormais très bien sa vie et serait bientôt un homme riche. Mais, alors que je l'avais entretenu pendant plusieurs années, il refusait de me laisser profiter de son argent, au contraire, il ne me donnait que le strict nécessaire. J'avais dû emprunter de l'argent plus d'une fois à mes voisines afin de pouvoir acheter de quoi manger. Le sentiment d'humiliation que j'avais ressenti alors ne m'avait plus quittée. Je m'acharnais à tenter de comprendre le fonctionnement de mon mari, en vain. Pourquoi m'infligeait-il cela ? Nous avions tout pour être heureux, pourtant nous nous disputions au sujet de l'argent du ménage. Farid me reprochait sans cesse de dépenser à tort et à travers. Comment lui servir un repas chaud si la bonbonne de gaz était vide et que je n'avais pas de quoi en acheter une nouvelle ? Et impossible de trouver du travail. D'une part, je ne connaissais personne à qui confier Emira, d'autre part, j'avais perdu toute confiance en moi et en mes capacités.

Il avait fallu que je me retrouve au trente-sixième dessous pour que je me décide à tirer la sonnette d'alarme. J'allais enfin pouvoir penser à moi et à ma fille. Emira se plaisait tellement en Allemagne qu'elle ne voulait plus partir.

— Dis, maman, on pourrait rester ici pour toujours ?

Elle était encore trop jeune pour comprendre ce qu'une telle décision impliquait.

Toutefois, même chez moi, je me sentais perdue, comme si vivre en Tunisie m'avait désorientée. Je crus tout d'abord que ce n'était qu'une question de temps avant que je retrouve mes repères. Mais, partout et à tout moment, l'ombre de Farid planait sur moi. J'avais fini par intégrer tous les interdits de sa culture. J'allais jusqu'à éviter de passer devant les bars, souvent bondés dès l'heure du déjeuner, car l'alcool était *haram*. Je l'avais de toute façon banni de ma vie depuis l'accident de ma mère, provoqué par un homme conduisant en état d'ivresse. Mais, là, j'avais l'impression d'être entourée d'ivrognes. C'était idiot de ma part, les alcooliques étaient des personnes malades qui méritaient de la compassion, mais cette réaction reflétait mon état d'esprit : je me sentais à des années-lumière des us et coutumes occidentaux, qui semblaient aller de soi pour tous ceux qui m'entouraient. J'avais décidément pris beaucoup de recul au cours de ces années passées en Tunisie.

L'éloignement géographique permet de se rendre compte de certaines évidences et de les remettre en question. Ce fut le cas concernant ma relation avec Farid. Grâce à la distance, je vis notre couple sous un jour nouveau. En revanche, je souffrais du même isolement en Allemagne qu'en

Tunisie. Pour ne rien arranger, j'avais honte de dépendre des allocations chômage. Mais, sinon, comment aurions-nous survécu ? Comment Emira et moi nous serions-nous nourries ? Je me sentais trop fragile pour retravailler, et, de toute façon, je ne voyais pas du tout où postuler. Je décidai de chercher un emploi une fois qu'Emira serait scolarisée. Je voulais avant tout me réinsérer dans la société, or je n'ignorais pas qu'ici la valeur d'un individu était souvent fonction de son métier. En Tunisie, les questions que l'on posait à quelqu'un que l'on rencontrait pour la première fois portaient sur le nombre d'enfants et la région d'origine. En Allemagne, c'était la profession qui primait. Peut-être le remarquai-je seulement maintenant car je vivais en décalage par rapport aux autres.

J'avais également du mal à comprendre l'attitude des Allemands par rapport à la nourriture, qui était au centre de toutes les préoccupations en Tunisie. Là-bas, on ne parlait que de cela, et le quotidien était rythmé par les repas. *Qu'est-ce que tu vas cuisiner aujourd'hui ? Et demain ?* Là-bas, on évaluait mes qualités d'épouse en fonction des plats que je servais à table. Même si Farid n'avait jamais reconnu mes talents de cuisinière, je savais qu'au fil des ans j'étais devenue un véritable cordon-bleu. Je préparais tout moi-même, jusqu'aux traditionnelles galettes tunisiennes, alors que je n'avais pas de four à pain. Je tenais à rendre hommage à cet art ancestral, que je considérais comme une invitation à la méditation. J'étais tout entière à ma recette, cuisiner stimulait ma créativité. Si, au restaurant, je trouvais un plat meilleur que si je l'avais préparé moi-même, je menais l'enquête jusqu'à ce que je découvre l'ingrédient mystère. La cuisine tunisienne n'était pas très variée, entre les macaronis, le couscous, la *mloukhiya* et le tajine, mais chacun de ces plats pouvait être accommodé de mille et une façons.

Par conséquent, je trouvais que les Allemands négligeaient les plats faits maison. D'ailleurs, qui faisait encore l'effort de cuisiner ? Tout le monde semblait à la recherche d'une alimentation la plus saine possible, mais consacrait de moins en moins de temps à l'élaboration des repas, qui ne se limitait pas au temps passé en cuisine. Ainsi, en Tunisie, quand je voulais servir de la volaille, j'allais au marché, j'examinais les poulets que le vendeur proposait vivants dans une cage, et je choisissais.

— Celui-là !

Le commerçant, après l'avoir sorti, tué et plumé, me le tendait, encore tiède. Nul besoin d'un label bio ou qualité pour savoir d'où provenait la viande et pour être sûr qu'elle soit fraîche, car l'animal caquetait encore cinq minutes auparavant. Je le vidais une fois rentrée à la maison. Personne ne s'en serait chargé à ma place. Eh oui, les abats ne viennent pas à part dans une barquette en plastique, comme le croient souvent les petits Allemands.

Chez les bouchers tunisiens, on était bien loin des chambres froides aseptisées. Il n'était pas rare de voir en devanture des têtes de veau ou de mouton suspendues en plein soleil. Bien sûr, j'eus du mal à m'y habituer, mais avec le temps je finis par surmonter ma répulsion. En Tunisie, on était terre à terre : la viande provenait d'un animal, point. De plus, là-bas, elle n'avait pas la même valeur, c'était une nourriture noble qu'on ne servait pas tous les jours. Et elle avait bien meilleur goût que celle que j'achetais dans les supermarchés allemands.

En écumant les magasins discount à la recherche de bonnes affaires, je me rendis compte combien les souks, riches en plaisirs olfactifs et visuels, me manquaient. Des légumes frais, des épices à perte de vue ! Les senteurs à elles seules valaient le détour. J'avais même envie de retrouver le marché aux poissons, où il régnait pourtant une odeur pestilentielle. Il n'y avait rien de tout cela ici. Je finis par choisir la facilité et perdis l'envie de cuisiner. Comme la plupart des enfants, Emira se régalait de poisson pané, de purée, de Knacki ou encore de spaghettis bolognaise. Mais, de mon côté, j'avais l'impression de perdre en qualité de vie.

Ma fille, qui se plaisait beaucoup à l'école maternelle, se lia très vite d'amitié avec les autres enfants. La Tunisie ne lui manquait pas du tout. Un souci en moins, pour moi qui souffrais tant de vivre aux crochets de l'État. Et difficile d'y remédier, quand on était mère célibataire. Dans ces circonstances, ce dont je rêvais en secret, à savoir récupérer la garde de mes deux fils, n'était pas près d'arriver. Je pensais sans arrêt à eux, tout en sachant qu'ils risquaient d'être perturbés s'ils me revoyaient, même brièvement. Et puis qu'avais-je à leur offrir ? Ils se débrouillaient très bien sans moi ; de mon côté, il fallait tout d'abord que je réapprenne à voler de mes propres ailes. À l'époque, j'ignorais que cela me prendrait plusieurs années.

Après m'avoir laissée tranquille quelque temps, Farid commença à me harceler par téléphone au rythme d'une vingtaine d'appels par jour. Au début, nous avions des conversations banales. Il me demandait quand je comptais rentrer, sans oublier de souligner qu'il avait besoin d'un nouveau stéthoscope.

Dans un premier temps, je ne l'informai pas que je souhaitais rester en Allemagne car plus le temps passait, plus je doutais d'avoir pris la bonne décision. Je ne me plaisais pas ici, mais je me gardais bien de le lui dire. Puis, à force de discussions, je finis par lui confier mon ressenti. J'étais loin de lui, en lieu sûr, et rien ne m'empêchait d'écourter la conversation.

Farid insistait pour que je rentre, mais sans non plus tenter à tout prix de me reconquérir. Il ne prenait même pas la peine de me parler gentiment, au contraire, il réclamait, exigeait, menaçait, durcissait le ton, me raccrochait au nez, rappelait. Et, à partir du jour où il obtint mon numéro de portable, je fus inondée de SMS. Je sursautais dès que le téléphone sonnait, je faillis même changer de numéro, tant je ne supportais plus la pression qu'il m'infligeait. Farid ne se contentait pas de me terroriser pendant la journée, il me réveillait également en pleine nuit pour m'abreuver de reproches. Tout était ma faute. Et il voulait revoir sa fille.

— Passe-la-moi ! exigea-t-il un jour.

Emira était toute contente de dire à son papa combien elle se plaisait en Allemagne, avec ses nombreuses amies.

— Je ne te manque pas, alors ?

— Si, répondit gentiment Emira.

Puis elle répéta avec le même entrain qu'elle voulait rester en Allemagne pour toujours. Ses propos alarmèrent Farid, qui n'hésita pas à recourir au chantage affectif.

— Je serais très triste de ne plus te revoir. Ce n'est quand même pas ce que tu veux, hein ?

— Non. Je vais rentrer.

Par la suite, Farid eut le toupet de prétendre qu'Emira se morfondait en Allemagne et qu'elle n'avait qu'une envie, le revoir.

Sentant que je n'étais pas dupe, il opta pour la manière douce. Il me répéta à l'envi que les affaires marchaient bien, qu'il gagnait beaucoup d'argent, que notre vie s'en trouverait grandement facilitée, que nous savions désormais quelles étaient nos priorités, que nous avions tiré les leçons de nos erreurs. Oui, « nos » erreurs. Il y avait forcément un malentendu. Lui, commettre une erreur ?

Je commençai à fléchir. Durant ces dernières années, j'avais énormément souffert de la domination que Farid exerçait sur moi. Je m'en étais accommodée par peur des conflits. Les rares fois où j'avais haussé le ton n'y avaient rien changé. Farid avait beau ne pas être réactionnaire, il me considérait comme sa chose, sans que j'en prenne conscience. Un être humain qui en possédait un autre… J'étais à mille lieues de cet état d'esprit. En revanche, j'avais senti le mépris que je lui inspirais.

Mais, maintenant qu'il semblait envisager un avenir commun, je reprenais espoir. J'y voyais un engagement à respecter l'autre, à tenir compte de ses opinions et de ses aspirations. À former un couple tel que je l'imaginais.

En proie à un véritable dilemme, je continuai à peser le pour et le contre pendant plusieurs semaines. Comment être sûre de prendre la bonne décision ? Valait-il mieux vivre seule avec ma fille en Allemagne ou rejoindre Farid, qui paraissait décidé à changer ? La solitude me guettait en Tunisie, où je vivrais enfermée dans une prison dorée, mais elle risquait d'être encore plus difficile à supporter en Allemagne. Je me serais certaine-ment sentie mieux si j'avais eu une vie profession-nelle épanouissante. Pour l'instant, je ne partageais qu'un seul centre d'intérêt avec les rares personnes que je côtoyais : les enfants. J'avais soif de nou-veauté, je ressentais le besoin d'apprendre et de me redéfinir, mais il m'était très difficile de me pro-jeter en Allemagne, peut-être parce que j'avais pris l'habitude de vivre sous la coupe de Farid. Quant à ce rêve d'une grande famille soudée, je n'étais pas près d'y renoncer.

J'éveillais très souvent l'intérêt quand je racontais autour de moi que j'avais vécu en Tunisie. Dès que l'on me posait des questions sur ce pays, je décrivais la vie là-bas, le souk, le soleil, la mer. Et, invariablement, on me demandait pour-quoi j'étais rentrée en Allemagne.

Cette question me mettait mal à l'aise. Je n'en savais rien, en fait. Je finis par en avoir assez de me l'entendre poser, aussi me renfermai-je sur moi-même et me mis à fuir les autres.

Finalement, que choisir ?

Emira voulait rester en Allemagne, mais nous n'y avions aucun avenir.

Au cours d'un long trajet en métro, je commençai à discuter avec un homme d'un certain âge et, très vite, la conversation prit un tour plus personnel.

L'homme me confia entre autres que le passé de l'Allemagne lui pesait.

— Nous manquons de légèreté dans ce pays, affirma-t-il. Il n'a toujours pas pansé les plaies du nazisme, et les gens en ont conscience.

J'acquiesçai.

— Même si la nouvelle génération est là, nous, les personnes âgées, ainsi que nos enfants et petits-enfants, continuons à ressentir le poids du passé, poursuivit-il. La nationalité allemande est un héritage difficile à assumer.

Je l'aurais volontiers contredit sur ce point, mais lorsqu'il me demanda si j'étais fière de mon pays, je lui répondis par l'affirmative, tout en ressentant l'étrange besoin de me justifier. Oui, j'aimais l'Allemagne pour ses poètes et ses penseurs, mais étais-je pour autant fière de mon pays ? Comme je lui parlais de la Tunisie, l'homme m'encouragea à retenter l'expérience.

— Essayez donc ! Vous pouvez rentrer quand vous voulez. Qu'est-ce que vous risquez ? Vous êtes jeune, vous avez toute la vie devant vous.

Je finis par voir les choses ainsi. En effet, qu'est-ce que je risquais ? Et je pouvais rentrer quand je voulais... Après un an passé en Allemagne, j'informai Farid de mon retour.

— On va rentrer voir papa, annonçai-je ensuite à Emira.

— Ça veut dire que je vais avoir un chien ! s'écria-t-elle, ravie.

Car, depuis longtemps, Farid se servait de cet argument pour l'amadouer.

— Si tu rentres à la maison, ma petite princesse, tu auras un chien, pas comme chez maman.

14

Elsa

Mon père et mes grands-mères se cotisèrent pour m'acheter une nouvelle voiture. Je me séparai à contrecœur de ma fidèle Kangoo bleue, qui n'était plus en état de franchir les Alpes.

Une fois sa remplaçante – une Laguna d'occasion – chargée jusqu'au plafond, il ne restait plus beaucoup de place pour Emira. Heureusement, Anja, une de ses institutrices, avait l'intention de passer quelques jours de vacances en Tunisie avant d'entamer une reconversion professionnelle. Le problème était réglé, Emira me rejoindrait par avion avec Anja.

Comme d'habitude, Farid se montra moins ravi de me voir que de découvrir le matériel que je lui avais rapporté d'Allemagne. Après avoir tout déballé, il disparut au volant de la voiture. Cette fois, je ne me laissai pas abattre et préparai l'arrivée prochaine d'Emira et d'Anja. Peut-être aussi essayai-je de ne pas trop espérer, de peur d'être à nouveau déçue.

Farid était heureux de retrouver Emira. En les observant tous les deux, je me dis que j'avais pris la bonne décision. Il fallait tenter l'aventure une dernière fois, et ce, pour le bien-être de notre fille.

Anja s'entendit tout de suite avec Farid, qui se montrait sous son meilleur jour. Ensemble, nous nous amusions beaucoup. Durant la journée, nous visitions les plus beaux sites de l'île, et le soir, nous allions danser. J'avais l'impression de retrouver le Farid des débuts.

La présence d'Anja, une jolie jeune femme détendue et épanouie, fut donc une véritable bouffée d'air frais. Devant elle, Farid se comportait en mari modèle, débordant de charme et d'esprit. Chaque jour qui passait me confortait dans l'idée que j'avais pris la bonne décision. Soudain, tout me paraissait si simple ! J'étais heureuse, et ma bonne humeur rejaillissait sur Emira. Elle était très attachée à son ancienne école, qui lui manquait déjà, mais la transition s'effectua en douceur grâce à son institutrice.

— Comment envisages-tu l'avenir ici ? me demanda un jour Anja.

— J'ai envie de reprendre le travail, mais pas comme responsable de groupes. Ce serait compliqué, avec Emira. Je pensais me spécialiser dans la relation clientèle.

— C'est-à-dire ?

— Je continuerai à servir d'intermédiaire entre les clients et la direction, mais je resterai dans le même hôtel, je ne me déplacerai plus d'un établissement à l'autre.

Peu après, Tarek, le frère de Farid, m'informa justement qu'une place venait de se libérer dans le complexe hôtelier où il travaillait comme chef de la sécurité. Malheureusement, je n'eus pas le temps de déposer mon dossier de candidature directement à l'hôtel, car il fallait que je rentre en Allemagne. Je le laissai donc sur le bureau de Farid, en lui demandant de le transmettre de ma part.

— Bien sûr, promit-il.

Après tous ces bons moments passés en compagnie d'Anja, je repris l'avion pour l'Allemagne afin de résilier le bail de mon appartement. Comme les dernières formalités me prendraient nettement moins de temps sans Emira, il fut convenu qu'elle resterait en Tunisie avec Farid, et la mère de ce dernier se dit prête à venir vivre chez nous durant mon absence.

À mon arrivée, une mauvaise surprise m'attendait : on m'avait coupé l'électricité ! Mon compte en banque étant à découvert, le fournisseur m'avait envoyé plusieurs lettres de relance au cours des trois derniers mois. Elles étaient évidemment restées sans réponse, puisque je me trouvais en Tunisie. Au début, je pensai que ce n'était pas bien grave, que je n'aurais qu'à m'éclairer à la bougie. Mais, très vite, je me rendis compte que je n'irais pas bien loin sans électricité. Je ne pouvais même pas mettre de l'eau à chauffer. Sachant que je disposais d'un accès direct à la cave par une petite trappe située dans la cheminée, je déroulai un câble de cinquante mètres de long jusqu'au sous-sol et reliai le compteur qui s'y trouvait au mien. Un raccordement clandestin dont je ne profitai hélas que quelques jours, car une voisine me dénonça au syndic. Morte de honte, je dus déployer des trésors de persuasion afin de convaincre le gérant de l'immeuble de ne pas entamer de poursuites contre moi. Il accepta finalement de fermer les yeux, à mon grand soulagement.

Mes journées étaient consacrées aux formalités administratives. Le soir, j'appelais la Tunisie.

— Tu rentres quand, maman ? me demandait Emira.

— Bientôt.

— Reviens vite !

— Je te le promets, ma chérie.

La tristesse que je sentais dans la voix d'Emira me poussa à effectuer les dernières démarches encore plus rapidement.

— L'hôtel a appelé ? demandai-je un soir à Farid au téléphone.

— Quel hôtel ?

— Celui où travaille Tarek, là où tu as déposé mon dossier.

— Ah oui. Non, aucune nouvelle.

Je n'étais pas inquiète, car tout prenait beaucoup de temps en Tunisie. Mais, à mon retour quelques semaines plus tard, je recevrais un coup au cœur en voyant que mon dossier n'avait pas bougé du bureau de Farid. Pour autant, je ne lui demanderais pas pourquoi il sabordait mes projets professionnels. Peut-être voulait-il m'éviter de travailler, puisqu'il gagnait désormais assez bien sa vie pour subvenir à nos besoins. Il donnait même un peu d'argent à ses parents. Pas assez, cependant, à en croire les sous-entendus de ma belle-mère.

Peu avant de rentrer, je rappelai à Farid qu'il avait promis un chien à Emira. Il était censé tenir parole, maintenant que nous l'avions rejoint.

— Je préférerais que tu t'en occupes tant que tu es en Allemagne, répondit Farid. Il n'y a que des bâtards, ici.

Farid comptait sur un chien de race pour asseoir sa respectabilité, car cela était très rare en Tunisie.

Renseignements pris, mon choix se porta sur un labrador. On ne me dit que du bien de ces chiens calmes, affectueux et proches des enfants. Je visitai plusieurs chenils mais, dès que je donnais le nom du pays où le chien allait vivre, les éleveurs me refusaient l'adoption. Un pays arabe ? Hors de question. L'un d'eux alla même jusqu'à s'exclamer : « Les Arabes n'aiment déjà pas les femmes, alors les chiens... » Et, avant qu'il n'ait eu le temps de dire ouf, j'avais tourné les talons. D'autres fois, c'était la paperasse qui posait problème, notamment concernant les vaccins. Certains encore craignaient que cette race supporte mal la chaleur, et d'autres n'acceptaient de confier leurs chiots qu'à des adoptants de la région, afin de pouvoir effectuer des visites de contrôle.

— Dans ce cas, profitez-en pour venir passer quelques jours de vacances en Tunisie, proposai-je à l'un des éleveurs.

— Mais, chère madame, qui s'occupera de mes animaux en mon absence ?

Prise par le temps, je me rendis en Belgique avec une amie qui connaissait bien les chiens. Grâce à une petite annonce, j'avais appris que quelqu'un proposait à l'adoption un chiot de huit semaines, que je baptisai Elsa. Je la fis vacciner en bonne et due forme, puis regagnai la Tunisie au printemps 2007.

— Cette fois-ci, c'est pour de bon, annonçai-je à ma grand-mère.

— J'espère, même si je suis triste que tu partes, répondit-elle en me prenant dans ses bras.

Je ressentais la même chose. Quand j'étais en Tunisie, mes grands-mères me manquaient beaucoup.

Mais les retrouvailles avec ma famille me réconfortèrent. Je n'avais jamais rien connu de tel. Sur le pas de la porte, Farid et Emira agitaient les bras dans ma direction. Ma fille était en pleine forme, épanouie, éveillée, elle avait même pris un peu de poids. Après ce bel accueil, je pardonnai bien volontiers à Farid et Emira de se montrer plus intéressés respectivement par la nouvelle voiture et le chien que par moi. C'étaient eux, ma famille. Elsa explora son nouveau territoire, courut à travers les différentes pièces et renifla toute la maison en remuant la queue. Puis elle s'étendit de tout son long dans le couloir et sombra dans un profond sommeil. Elle rêvait de grandes aventures, à en croire les mouvements de sa truffe et les tressaillements de ses jolies petites pattes.

— Emira, à la douche ! dis-je à ma fille, qui se trouvait à côté de moi dans la salle de bains, toujours en culotte.

Elle prit place docilement dans la baignoire.

— Enlève ta culotte.

Elle secoua la tête, le visage grave. Je la regardai, très surprise. Quel était le problème ? À son âge, Emira n'avait pas à se sentir gênée, et encore moins devant sa mère !

— Le diable apparaît, quand on se lave sans sous-vêtements, m'expliqua-t-elle.

— Pardon ?

— Oui, le diable vient se moquer.

— Enlève tout de suite ta culotte !

— Non, maman ! s'écria-t-elle, vraiment très angoissée. Sinon, on va voir le diable !

Je m'assis sur le bord de la baignoire.

— Tu dis que le diable va venir se moquer de toi ?

— Oui.

— Admettons. En quoi ce serait grave ?

Emira ne sut pas quoi répondre.

— Si tu prends ta douche en sous-vêtements, c'est ta mère qui va se moquer de toi.

Pour dédramatiser, je la chatouillai, et elle finit par retirer sa culotte sans rechigner. Elle ne me demanda plus jamais de pouvoir la garder sous la douche. Je relatai l'incident à Farid lorsqu'il rentra à la maison.

— Qu'est-ce que ta mère a été raconter à notre fille ? Je n'accepte pas qu'on lui fasse peur !

Farid et moi nous rejoignions au moins sur ce point. Il vivait avec son temps.

— Je n'en savais rien, répondit-il après réflexion. Ma mère l'a souvent aidée à se laver. Bien sûr, je lui ai dit de ne pas raconter de sornettes à

Emira. Mais tu la connais, et je ne peux rien face à des croyances si profondément ancrées.

Farid haussa les épaules. De mon côté, j'essayai de me montrer conciliante.

— Oui, et puis je suis rentrée, maintenant.

Certes, Emira évoluait dans un monde biculturel. L'Allemagne, la Tunisie : ces deux pays étaient les siens. Mais hors de question qu'elle grandisse dans la honte de son corps et dans la peur de créatures imaginaires.

Le lendemain, j'appris que le diable venait uriner dans la bouche de quiconque bâillait sans mettre la main devant sa bouche. Comme j'éclatais de rire, Emira m'imita. Heureusement, ma fille était assez intelligente pour ne pas accorder trop de crédit à ce que lui racontait sa grand-mère. Elle prit le parti d'en rire avec moi et de prétendre y croire en sa présence.

Elsa nous occupa beaucoup, les premiers jours. Il fallait qu'elle s'habitue à nous, et nous à elle, ce qui se révéla plus difficile, car elle n'avait rien d'un petit animal tranquille. Au contraire, elle réclamait une attention constante et devait être dressée à ne pas mâchouiller nos chaussures, ne pas entrer dans les chambres à coucher et ne pas monter sur les lits. Dès le premier jour, Emira se prit d'affection pour Elsa. Quant à Farid, en bon Tunisien, il n'aimait pas particulièrement les chiens, mais n'était pas peu fier d'attirer les regards lorsque nous la promenions. Elle suscitait l'intérêt, voire la jalousie. Pourtant, d'ordinaire, les Tunisiens évitaient d'approcher les chiens. Récemment, la rage était réapparue dans le quartier, et l'un des patients de Farid en était même mort. Mais Elsa n'avait rien d'une chienne errante porteuse de maladies. Avec son pelage brillant, soigné et uniforme, elle n'était pas non plus infestée de puces, de tiques, ni de vers. D'ailleurs, elle avait accès à l'intérieur de la maison, ce qui était considéré comme *haram* en Tunisie. Sale. Péché.

Haram était le mot qui revenait le plus souvent dans la bouche de ma belle-mère. Il était du reste très souvent employé par les Tunisiens croyants, qui voyaient le péché partout. Manger du porc, se montrer en maillot de bain, consommer de l'alcool, porter des jupes courtes, manger ou boire de la main gauche, mentir.

Pour ma voisine, il était même *haram* de mettre des pommes de terre à bouillir, comme je l'appris le jour où elle vint m'apporter du persil, des poireaux et du céleri de son potager. Ravie, je la remerciai pour son cadeau et l'invitai à entrer. Sitôt dans la cuisine, elle souleva le couvercle d'une marmite qui était sur le feu. Ce jour-là, exceptionnellement, le plat que je préparais n'avait rien de local, ce que cette fière Tunisienne, avec ses longs vêtements, son étole et son chapeau typiques de Djerba, eut déjà bien du mal à concevoir. Mais des pommes de terre bouillies, non, c'en était trop ! Elles étaient considérées comme des légumes, il convenait donc de les faire frire ou revenir dans de la sauce.

Jusqu'à présent, je n'avais jamais mal pris les suggestions de mes voisines concernant ma façon de cuisiner. Comme avant, je consacrais la majeure partie de mes journées à la préparation des repas. Cette fois, je ne pus me contenir.

— Premièrement, vous vous trouvez dans ma cuisine, dis-je après avoir pris une grande inspiration. Deuxièmement, je prépare les pommes de terre comme bon me semble. Et sachez qu'on peut très bien les faire bouillir !

La voisine laissa échapper un petit rire dédaigneux, puis sortit en trombe. Je sus que je serais le principal sujet de conversation du quartier pour les prochains jours, voire les prochaines semaines.

Souvent, les Tunisiens manquaient de créativité dans le domaine culinaire, et préféraient s'en tenir aux valeurs sûres. Par exemple, selon eux, une sauce se devait d'être rouge et piquante. Les sauces à base de lait ou de farine leur donnaient des haut-le-cœur.

Elsa grandissait à vue d'œil. Je me réveillais tous les matins avec l'impression qu'elle avait pris plusieurs centimètres dans la nuit. Le petit chiot devenait une chienne qui cherchait à se ménager une place confortable dans la hiérarchie du foyer. En brave labrador, elle ne se montrait jamais agressive. Mais, comme elle avait besoin de limites, elle commença à nous tester de multiples façons, et toujours intelligemment. Je m'en amusais, tout en prenant soin d'expliquer à Emira comment se comporter.

— C'est toi la chef, pas Elsa. Elle doit t'obéir.

Emira se révéla très douée pour le dressage. S'occuper de la petite chienne lui était bénéfique, elle gagnait en assurance. Farid, lui, demeurait hermétique au langage canin et se fâchait à propos de petites choses qui n'étaient que des jeux pour Elsa. Et, bien qu'il n'eût rien d'un traditionaliste, il désapprouvait le fait qu'elle ait accès à l'intérieur de la maison. La situation se compliqua le jour où Farid fut attaqué par le chien d'un directeur d'hôtel qui l'avait invité dans sa villa. Il s'affala dans un fauteuil sans remarquer l'animal assoupi sous la table. Réveillé en sursaut, celui-ci lui sauta dessus. Farid s'en sortit avec une morsure à la cuisse et un pantalon en lambeaux. Il décréta alors que les chiens étaient décidément irrécupérables. Le peu d'affection qu'il avait pour Elsa s'envola, et elle ne fut plus la bienvenue. Il commença même à en avoir peur, bien qu'elle ne l'ait jamais mordu. Il refusa cependant de l'admettre et tenta de trouver d'autres prétextes pour la chasser de chez nous. Il invoqua même l'aspect *haram* de sa présence. Je trouvais ses autres arguments tout aussi ridicules. Elsa occupait trop de place, Elsa nous coûtait trop cher, Elsa nous prenait trop de temps, car il fallait la sortir plusieurs fois par jour.

Emira, qui adorait la chienne, fut choquée, désemparée, anéantie par la décision de Farid. Une fois de plus, je dus me rendre à l'évidence : le dialogue était impossible avec lui. L'avenir commun qu'il avait évoqué pour me convaincre de rentrer en Tunisie n'était qu'une vaste supercherie. Discuter d'un problème et y remédier ensemble, très peu pour lui. Son avis avait force de loi, quitte à ce qu'Emira en ait le cœur brisé.

— Si Elsa s'en va, à quoi bon rester en vie ? me dit-elle.

Je lui promis de trouver une solution, même si je ne voyais pas du tout laquelle. Il était impossible de garder Elsa sous notre toit sans rien dire à Farid. La chienne devait quitter définitivement la maison, mais pas notre vie. Je décidai de la placer dans un lieu où nous pourrions continuer à lui rendre visite. Mais où ?

Je me souvins alors de Mohamed, le vendeur de fruits et légumes dont le magasin était situé non loin de notre ancien immeuble, en face du cabinet de Farid. Un jour, dans la cour, j'avais aperçu deux ou trois jeunes jouer avec un chien. Peut-être Mohamed avait-il, parmi ses connaissances, un ami des animaux ? Il s'était toujours montré très gentil avec nous, notamment en offrant des fruits à Emira.

Farid n'aurait pas hésité à chasser sur-le-champ Elsa de la maison mais, dans son immense bonté, il nous accorda trois jours de délai. Nous rendîmes visite sans tarder au marchand de primeurs, chez qui je n'étais quasiment plus retournée depuis le déménagement. Mohamed était enchanté de nous voir, il avait le sourire jusqu'aux oreilles. Après lui avoir expliqué la situation avec force gestes et quelques rudiments d'arabe, je lui demandai s'il connaissait quelqu'un à qui nous pourrions confier Elsa.

Lorsque Mohamed se proposa, je restai bouche bée, tandis qu'Emira, ravie, applaudissait. Elle n'avait pas de souvenirs précis de Mohamed, nous avions déménagé alors qu'elle était encore toute petite, mais sa gentillesse – et ses chatouilles – lui valurent d'être immédiatement adopté.

Je priai Emira d'attendre avant de s'emballer, car je n'étais pas sûre que Mohamed m'ait bien comprise. J'insistai sur le fait que nous n'abandonnions pas Elsa, que nous voulions venir la voir plusieurs fois par semaine, mais que je ne pouvais pas encore lui dire quand, précisément. En résumé, je cherchais quelqu'un qui saurait s'occuper de la chienne, comme dans une sorte de pension. Si Mohamed était d'accord, je voulais qu'il s'engage par écrit à ne pas revendre ni confier Elsa à une tierce personne sans me consulter.

— Entendu, dit-il.

Je sentis son doux regard noisette se poser sur moi. Puis il adressa un clin d'œil complice à Emira.

— Dans ce cas, marché conclu !

Je levai les bras au ciel. Si tout pouvait être aussi simple !

Mais, comme j'avais peur de forcer la main à Mohamed, je lui redemandai confirmation une dernière fois. Dans un anglais approximatif, il répondit par l'affirmative.

Dès lors, Emira et moi nous rendîmes le plus souvent possible chez le primeur. Elsa était toujours folle de joie de nous voir. Un jour, elle se jeta même sur nous. À croire qu'elle avait des gènes de chien de combat ! En tout cas, elle semblait très heureuse, et nous avions grand plaisir à la voir gambader sur la plage. J'avais fourni tout le nécessaire à Mohamed, du panier aux balles en passant par la brosse, la pince à tiques, le collier et la laisse. Ainsi que le passeport d'Elsa, dont la couverture était ornée d'un drapeau européen. Mohamed n'en revenait pas. Eh oui, en Allemagne, même les chiens avaient des papiers d'identité !

— Voulez-vous un café ? me proposa un jour Mohamed.
— Volontiers.
Très vite, je pris l'habitude de boire un café avec Mohamed quand Emira et moi lui rendions visite. Emira allait voir Elsa dans la cour et jouait un peu avec elle, tandis que je discutais avec Mohamed. Puis venait l'heure de la promenade. Mohamed était l'aîné d'une famille de Berbères qui vivaient dans la montagne et possédaient le magasin, dans lequel il s'investissait corps et âme. Il manipulait ses légumes avec précaution, presque avec amour, et jamais je ne le vis les jeter négligemment dans un panier. Il paraissait toujours conscient de l'importance de la nourriture, et j'aimais le regarder assortir ses étals de ses belles mains soignées.

Par une chaude journée, alors que nous étions adossés côte à côte à un mur de la boutique, Mohamed plongea la main dans un sac et en sortit une poignée d'amandes fraîches. Il les décortiqua une à une avec les dents et me tendit les graines, le tout sans prononcer un mot. Je les goûtai. Elles étaient délicieuses.

15

Quand la flamme s'éteint

Même si, pendant les premières semaines, notre couple semblait reparti sur de bonnes bases, je n'étais pas assez naïve pour croire que Farid avait changé. Mes doutes furent confirmés par l'intransigeance dont il fit preuve à l'égard d'Elsa, et donc indirectement à l'égard de sa propre fille. Le fossé entre nous n'avait pas disparu, et, très vite, je remarquai certains détails qui me déplaisaient.

Ainsi, j'avais de plus en plus de mal à respecter Farid en tant que médecin. Lui et ses confrères se vantaient de ne pas soigner ce qu'ils appelaient la « racaille ».

— Il ne faut pas se laisser attendrir par les gens qui se plaignent de ne pas avoir d'argent.

Certes, il fallait bien gagner sa vie, et Farid ne pouvait se permettre de soigner gratuitement tout le monde. Or, les riches patients dont il s'occupait à l'hôtel constituaient la majeure partie de sa clientèle. Pourquoi donc refuser de soigner des personnes qui ne risquaient pas de couler son cabinet ?

De plus, Farid n'hésitait pas à se battre bec et ongles pour protéger sa place de médecin d'hôtel, qui lui apportait prestige et renommée. À en croire les réflexions que j'entendais parfois, mon mari n'était pas très apprécié. Cela ne m'étonnait pas, d'ailleurs. Il avait changé, l'argent était devenu une véritable obsession. À moins qu'il n'ait toujours été matérialiste et que je me sois voilé la face.

Lorsque nous dînions dans des restaurants chic, il arrivait que des touristes européennes viennent me féliciter.

— Vous avez un mari formidable ! Il est non seulement intelligent, sympathique, mais aussi très compétent et cultivé !

Je les remerciais poliment, tandis que Farid souriait et jouait les modestes, ce qui lui valait encore plus d'éloges. Mais, dès qu'elles avaient le dos tourné, il traitait ces femmes de dindes écervelées qui lui racontaient leur vie durant les consultations.

— Farid, ce n'est pas une façon de parler de tes patientes !

Je souffrais de l'entendre tenir ce genre de propos, qui allaient à l'encontre de ma conception des relations humaines.

Farid, lui, se contentait de me rire au nez.

Un jour, lasse de lui trouver sans arrêt des excuses, je finis par ne plus tolérer son comportement. Le souvenir de tout ce qu'il m'avait fait subir sans que je proteste me revint en pleine figure. C'était terminé, je ne pouvais supporter plus longtemps les humiliations de Farid, ses récriminations, son manque d'amour et de reconnaissance.

Alors, ce qui devait arriver arriva. Faute d'avoir la force ou les moyens de me révolter, je me mis à mépriser mon mari. Il le sentit et, blessé dans son orgueil, décida de passer à l'offensive et de porter le coup de grâce à notre mariage.

— Tu crois vraiment que je t'ai demandé de rentrer en Tunisie parce que je tenais à toi ? me dit-il un soir. Tu es assez bête pour croire que c'était toi que je voulais retrouver ?

Je le regardai fixement, prise de sueurs froides. Il ne pouvait pas avoir dit ça, j'avais forcément mal entendu. Ce n'était pas possible ! Mais Farid poursuivit :

— Je n'en ai rien à faire, de toi. Tout ce qui m'intéresse, c'est ma fille. Toi, tu n'es qu'une source de stress inutile, tu m'encombres. Je veux vivre avec ma fille, un point c'est tout !

Il s'adressa à moi avec une telle dureté... Une faiblesse terrible m'envahit. L'espace d'un instant, je crus même que j'allais m'évanouir. Une part de moi s'attendait à ce que Farid, constatant que je ne comprenais pas sa boutade, éclate de rire. Testait-il ma réaction ? Non, Farid ne plaisantait pas le moins du monde. Il le pensait vraiment, depuis des années peut-être.

Au cours des jours suivants, Farid continua à m'accabler de reproches, comme si une digue en lui venait de céder et qu'il pouvait enfin déverser son fiel. Il n'était plus que haine. Il alla jusqu'à me cracher à la figure que je le dégoûtais, qu'il ne supportait plus de me voir nue. Cela ne changea pas grand-chose, je ne voulais plus qu'il me touche depuis longtemps.

Que faire ?

Partir ?

Mais où ? Avec qui ?

Essayez donc ! Vous pouvez rentrer quand vous voulez. Qu'est-ce que vous risquez ? Vous êtes jeune, vous avez toute la vie devant vous.

Farid avait enfin laissé échapper la cruelle vérité. Je tentai de me raisonner, j'évitai de ressasser mes idées noires afin de ne pas céder au désespoir.

Restait à protéger Emira, qui ne manqua pas de remarquer mon état de tension extrême. Mais comment ? Certes, le couple que je formais avec Farid était voué à l'échec, mais je refusais que ma fille pâtisse de cette situation. Je voulais qu'elle connaisse une enfance heureuse, insouciante et libre, comme moi. Hors de question que son équilibre soit perturbé par les difficultés que rencontraient ses parents. Quant à Farid, j'espérais qu'il partage ma vision des choses. Il aimait sa fille, j'en étais convaincue, même si, en parfait égoïste, il ne s'en occupait jamais, contrairement à moi qui veillais sur elle toute la journée.

L'idée qu'elle puisse souffrir de l'ambiance glaciale qui régnait à la maison m'était insupportable, aussi m'employai-je à lui changer les idées. Lorsque j'appris un matin que Farid passerait la journée à Tunis, au conseil régional de l'ordre des médecins, je rassemblai quelques affaires et partis profiter de la plage avec Emira. En chemin, je pensai à Mohamed. Pourquoi ne pas lui proposer de se joindre à nous ? Après tout, je lui devais une fière chandelle. De plus, Farid ne se trouvait pas à son cabinet et ne risquait pas de voir Mohamed monter dans ma voiture. C'était l'occasion ou jamais de lui prouver ma gratitude.

Mohamed, ravi, demanda à son cousin de le remplacer au magasin. Nous passâmes un merveilleux moment de détente au bord de la mer. J'avais les larmes aux yeux, derrière mes lunettes de soleil. La vie pouvait être si belle, si paisible…

Emira pataugeait dans l'eau avec Elsa, tandis que Mohamed et moi partagions un casse-croûte, assis sur une couverture. Il avait apporté des fruits, et moi, de la salade, des olives ainsi que des galettes de pain maison appelées *F'tira*. Mohamed eut du mal à croire que je les avais préparées moi-même.

Nous parlions peu, absorbés par le spectacle d'Emira et Elsa jouant dans l'eau. Voilà ce que je ratais, enfermée dans ma prison dorée !

Je ne mis pas le mutisme de Mohamed sur le compte de la gêne. Je le voyais comme un homme sûr de lui que le silence n'effrayait pas. Mais, par la suite, il me confia que je l'impressionnais beaucoup. Une Allemande mariée à un médecin !

Pour Mohamed, ce pique-nique sur la plage avait comme un parfum d'interdit. Un Tunisien ne pouvait pas prendre ainsi place au côté d'une femme, encore moins si celle-ci était mariée. Même avec sa propre épouse, il devait veiller à ménager une distance appropriée. De toute façon, la coutume voulait qu'il s'asseye avec les autres hommes, tandis que son épouse restait avec les femmes et les enfants. Mohamed faisait donc preuve de beaucoup de courage.

Je le reconduisis au magasin en fin d'après-midi.

— Attendez, dit-il.

Il disparut et revint quelques instants plus tard avec une pomme de terre taillée en forme de cœur. Il me la tendit, souriant mais un peu gêné.

Comme à son habitude, Farid me laissait très peu d'argent pour les courses et me demandait des comptes pour chaque dinar dépensé. Heureusement, j'avais eu la bonne idée de garder de côté un billet de cent euros flambant neuf que ma grand-mère m'avait donné avant de partir et dont Farid ignorait l'existence. Ce billet était ma roue de secours, la promesse d'un peu d'indépendance quand je me retrouverais dans l'impasse. Il m'éviterait de m'abaisser à quémander de l'argent autour de moi. Certes, je n'irais pas bien loin avec cent euros ; ça n'était pas suffisant pour acheter deux billets d'avion et rentrer en Allemagne avec Emira. Mais je pouvais toujours faire le plein d'essence, partir loin de Farid, souffler et réfléchir à l'avenir.

Je savais pertinemment que Farid fouillait mes affaires, aussi avais-je choisi ma cachette avec soin : la notice d'utilisation d'une pommade. Mais lorsque je la dépliai cette fois-là, les cent euros avaient disparu. N'en croyant pas mes yeux, je mis l'armoire à pharmacie sens dessus dessous. Comme je ne m'en approchais jamais – je ne suivais aucun traitement et je n'y avais rangé que quelques objets sans importance –, j'avais cru que Farid ne vérifierait pas là.

Visiblement, j'avais eu tort. Constatant que mes cent euros s'étaient bel et bien volatilisés, je sentis la panique me gagner. Il fallait à tout prix que je les retrouve !

Le téléphone du rez-de-chaussée sonna, et Farid répondit. D'après ce que je compris, un de ses patients le réclamait. Sans doute un touriste qui avait trop mangé au buffet, cela arrivait fréquemment.

Mes pensées se bousculèrent dans ma tête. Profitant que Farid était aux toilettes, je saisis mes clés de voiture, pris Emira par la main et descendis l'escalier avec elle en courant. Nous arrivâmes dehors avant lui.

— Emira, monte dans la voiture, vite !

Une fois Emira assise sur le siège passager, je démarrai la Laguna et la garai dans l'allée, afin de bloquer la Ford de Farid. À présent, ce dernier disposait non seulement d'une voiture, mais aussi du permis de conduire.

— Laisse-moi passer ! m'ordonna-t-il.

— Rends-moi mes cent euros !

— Laisse-moi passer, je te dis !

— Tu m'as pris mon argent !

— Maman ! hurla Emira, paniquée.

Farid, impassible, monta dans sa voiture, démarra et percuta ma Laguna de plein fouet. Emira, projetée en avant, cria.

— Mais tu es fou !

Je le pensai vraiment. Jamais je n'aurais cru Farid capable de s'emporter au point de mettre son enfant en danger. Je regrettai de ne pas avoir envoyé Emira jouer ailleurs, afin de l'éloigner.

Farid enclencha la marche arrière.

— Maman ! Maman !

— Emira, roule-toi en boule !

Je la fis se baisser. Farid nous emboutit une deuxième fois, puis une troisième, puis une quatrième. Après m'être jetée sur Emira pour la protéger, je composai d'une main tremblante le numéro de Tarek, le frère aîné de Farid, qui m'était déjà venu en aide plusieurs fois.

— Farid est devenu fou, il nous rentre dedans avec sa voiture ! Il faut que tu viennes tout de suite !

Farid éteignit le moteur et me fusilla du regard. Ce face-à-face dura cinq minutes, peut-être dix. Chacun dans son véhicule. Emira sanglotait. Impossible de la rassurer. Dire qu'elle avait assisté à cette terrible scène…

Tarek arriva enfin et s'adressa calmement à Farid par la fenêtre de sa voiture. Je n'avais qu'une envie : que Farid disparaisse. Pour lui faciliter la tâche, j'enclenchai la marche arrière et libérai le passage. Farid quitta les lieux en trombe, Tarek à ses trousses. Le lendemain matin, mon billet de cent euros était posé sur la table.

Toute à ma joie de retrouver une infime part de liberté, je ne pris pas conscience qu'un terrible piège était en train de se refermer sur moi.

Deux jours plus tard, Farid m'interdit de téléphoner à ma famille. Il saisit mon portable, en sortit la carte SIM et la cassa en deux.

— C'est parce que je ne peux pas te faire confiance, se justifia-t-il en affichant une mine contrite.

Puis il quitta la maison, le sourire aux lèvres.

Quelques heures plus tard, je me rendis au magasin de Mohamed. Ce dernier, au retour de la promenade d'Elsa, me tendit un petit papier.

— Qu'est-ce que c'est ?

— Mon numéro de téléphone, au cas où vous auriez besoin d'aide.

Je l'appris par cœur, sachant que Farid n'hésitait pas à fouiller mon sac à main.

16

Le début de la fin

Je voulais fuir la tension extrême qui régnait à la maison, mais peinais à trouver une solution. Où aller ? Je n'avais ni logement, ni argent, ni travail. Dès que j'y réfléchissais, je me sentais complètement abattue. J'étais comme un animal en cage. Mon seul espoir était que la situation se décrispe entre Farid et moi. Nous pouvions trouver un accord, peut-être même rester amis, pourquoi pas ? Non, je n'y croyais plus. Heureusement, je n'étais pas entièrement livrée à moi-même. Je n'avais qu'à regarder Emira pour me dire que tout n'était pas perdu tant qu'elle était à mes côtés. J'avais une fille merveilleuse. Que demander de plus ?

Emira et moi partagions depuis longtemps une complicité particulière, qui me rappelait celle que j'avais connue avec ma mère. Nous avions vécu plusieurs mois seules en Allemagne, sans doute cela nous avait-il rapprochées. Et puis il y avait nos petites escapades pour aller voir Elsa. Cependant, contrairement à Emira, j'avais eu un père affectueux et attentionné. Ma mère et moi ne nous étions jamais liguées contre lui afin de nous protéger.

Rien ne m'avait préparée à affronter pareille situation. Farid était animé par une haine que j'avais peine à concevoir. Une haine contagieuse.

Alors que je préparais le déjeuner dans la cuisine, j'entendis Farid monter les escaliers à pas lourds et bruyants, comme à son habitude. Il était dominateur et agressif jusque dans le moindre petit geste.

— Je suis rentré !

Après avoir apporté cette précision inutile, il claqua la porte du couloir, puis celle de la salle de bains. Il était incapable de fermer une porte normalement. De toute façon, qu'est-ce que cet homme avait de normal ?

Bam ! La porte du salon. Farid s'empara de mon téléphone portable et vérifia devant moi la liste des appels émis, comme d'autres auraient regardé leur courrier. Un acte impensable dans ma famille.

— Tu n'as appelé personne, pas même ton père ou tes grands-mères ? Tu utilises un deuxième portable en cachette, ou quoi ? Tu as combien de cartes SIM ? Je ne suis pas idiot, hein !

L'atmosphère était électrique. Alerte rouge.

Sur ce, Emira déboula dans la cuisine pour me montrer quelque chose, mais s'arrêta net, comme si elle venait de percuter un mur.

Farid l'empoigna et la souleva de terre. Elle se débattit en criant, tandis que son père l'emmenait dans sa chambre. Il la jeta sur son lit et ferma la porte à clé.

Je lui avais emboîté le pas. À présent, je voyais la poignée de la porte se soulever et s'abaisser, comme actionnée par un fantôme. Derrière la porte, Emira hurlait à pleins poumons.

Farid s'approcha de moi, le visage menaçant, tout en s'amusant à lancer mon portable et à le rattraper.

— Maman ! Maman ! Maman !

Au moment où Farid m'empoigna, je le remerciai intérieurement d'avoir enfermé Emira dans sa chambre. Un enfant ne devait en aucun cas assister à ce genre de scènes.

Une fois son forfait accompli, Farid se lava les mains et sortit. Encore haletante, je me traînai à quatre pattes jusqu'à la chambre d'Emira et lui ouvris.

— Maman ! Maman ! Tu saignes ! Comment ça se fait ? cria-t-elle en se jetant dans mes bras.

— Vite.

— Tu trembles, maman.

— Il faut qu'on s'en aille d'ici, Emira.

Je me redressai à grand-peine en essayant de réfléchir posément, mais je ne pensai à rien d'autre qu'à mes clés de voiture.

— Maman, il y a plein de sang dans la cuisine !

Heureusement, le réservoir de la voiture était plein.

— Dépêche-toi, Emira ! Vite !

Sur la route, j'appelai une ancienne collègue, elle aussi responsable de groupes, qui avait épousé un Tunisien hélas très conservateur. Alice était luxembourgeoise, mais parlait allemand parfaitement, comme la plupart de ses compatriotes. Elle m'aurait volontiers aidée, comme en témoignait l'inquiétude dans sa voix. Mais elle n'osait pas intervenir, car Farid jouissait d'une grande influence à Djerba. On chuchotait même qu'il avait des relations jusque dans les plus hautes sphères du pouvoir.

— Mais ton mari aussi a de l'influence ! m'exclamai-je, désespérée.

Après avoir expliqué la situation par téléphone à son mari, Alice obtint la permission de m'héberger pour une nuit jusqu'à huit heures précises le lendemain matin.

— Merci, murmurai-je, en pleurs.

J'étais soulagée d'avoir au moins trouvé une solution provisoire. De toute façon, je n'avais pas les idées claires, je réfléchissais au jour le jour. Et cela allait durer encore plusieurs mois.

Je pris une douche et enfilai des vêtements propres qu'Alice m'avait prêtés. Puis Emira et moi nous attablâmes devant le repas que notre hôte nous avait gentiment préparé, mais nous ne pûmes rien avaler.

— D'après mon mari, le problème, c'est que la loi est du côté de Farid, me dit Alice une fois Emira installée devant la télévision. Comme vous êtes mariés, tu n'as pas le droit de quitter le domicile conjugal sans son autorisation.

J'avais épousé Farid, pleinement consciente de m'en remettre à lui aux yeux de la loi tunisienne. Je commençais seulement à me rendre compte de ce que cela impliquait concrètement. J'étais effondrée. Au plus profond de moi-même, j'espérais qu'il s'agissait d'un cauchemar. Cela ne pouvait pas être vrai, ne devait pas être vrai.

Je partis le lendemain après avoir remercié chaleureusement Alice. Je tentai de faire bonne figure, mais je n'en menais pas large. Je craquai à peine assise dans la voiture. Où aller ? Où ? Tout d'abord, il fallait que je passe à l'appartement prendre quelques affaires, nos passeports surtout. N'osant pas y retourner, je pensai à Mohamed et récitai son numéro de téléphone à voix haute. Mais Emira me coupa la parole et s'amusa à répéter les chiffres dans le désordre.

— Arrête ! criai-je, à bout.

Peu habituée à ce que je lui parle ainsi, Emira sursauta et mit la main sur sa bouche.

— Excuse-moi, ma chérie. Maman est un peu bouleversée.

Je répétai doucement le numéro de Mohamed, mais je n'étais plus sûre de bien m'en souvenir. Et chaque coup de fil était précieux, car je n'avais plus beaucoup de forfait.

Heureusement, ce fut bien Mohamed qui décrocha après deux sonneries.

— Bonjour, c'est Tina. Vous pouvez me dire si Farid est à son cabinet ? Sa voiture est garée devant ?

— Vous voulez rendre visite à Elsa ?

— Non, j'aimerais savoir si Farid est là. Vous devriez le voir depuis votre magasin.

Silence.

— Est-ce que... ?

— Il est arrivé il y a cinq minutes.

— Merci.

J'appuyai sur l'accélérateur. En chemin, j'indi-quai à Emira la marche à suivre.

— Va dans ta chambre et rassemble le strict nécessaire. Tu…

— Est-ce que ma poupée fait partie du strict nécessaire, maman ?

— Oui, si tu y tiens.

— Et mon T-shirt avec des paillettes ?

— Tu l'aimes bien, celui-là ?

J'essayai de détendre l'atmosphère en prenant un ton badin. En réalité, j'étais complètement paniquée.

— Oui. Et mon vélo aussi ? Ah, zut, il n'est pas dans ma chambre. Maman, j'ai le droit de prendre des affaires qui sont rangées ailleurs ?

— Non, limite-toi à ta chambre.

— Mes crayons de couleur, alors ?

— Oui, bonne idée, Emira.

Après m'être garée au pied de la maison, je montai les marches quatre à quatre, saisis un sac et y fourrai les vêtements qui me tombaient sous la main.

Soudain, je l'entendis. *Bam !* La porte. Puis son pas lourd dans l'escalier. Je crus que j'allais me sentir mal. Je glissai nos passeports et quelques papiers importants dans la poche intérieure de mon sac, puis composai le numéro de Tarek sur mon portable.

Farid se posta sur le seuil et me fixa de son regard haineux.

— Qu'est-ce que tu fabriques ?

— Je...

— Maman !

Le visage déformé par la colère, Farid attrapa Emira et la souleva. Elle se débattit.

— Repose-la.

— C'est ma fille, répondit Farid d'un ton glacial.

— Repose-la immédiatement.

Emira hurla.

Heureusement Tarek, qui se trouvait par hasard dans le quartier, entra et, en un clin d'œil, saisit la gravité de la situation. Il se dirigea lentement vers Farid et lui prit Emira des bras. Celle-ci, sentant son père lâcher prise, arrêta de crier, mais continua à me réclamer entre deux sanglots.

— Je conduis Emira chez moi, décida Tarek. Donnons-nous rendez-vous là-bas et mettons les choses à plat.

Je lui emboîtai le pas tandis qu'il quittait la maison avec ma fille. Une fois dans la voiture, je le suivis de tellement près que je pouvais lire l'angoisse sur le visage d'Emira, assise sur la banquette arrière. J'essayai d'élaborer un plan en toute hâte.

Qu'est-ce que cette discussion avec Farid et Tarek changerait ? Mes derniers espoirs s'étaient envolés. Je n'y croyais plus. Comme toujours, Tarek s'adresserait à Farid et lui rappellerait ses devoirs envers sa famille. Puis il nous dirait de rentrer chez nous et de reprendre une vie commune. Mais, pour moi, c'était hors de question. Il m'était désormais impossible de côtoyer Farid, car je craignais pour ma vie. La veille, n'avait-il pas proféré des menaces de mort ? Son visage transpirait la haine. Il n'avait plus rien à voir avec l'homme que j'avais épousé.

Lorsque Tarek fut garé, Emira courut dans ma direction. J'ouvris la portière côté passager. Elle sauta dans la voiture et je démarrai en trombe.

Où aller ?

Que faire ?

Je prononçai une fois encore les chiffres magiques, avant de marquer un temps d'arrêt. Ce n'était peut-être pas une bonne idée, mais avais-je vraiment le choix ? Les rares personnes que je connaissais en Tunisie n'étaient pas prêtes à me tendre la main. Sauf peut-être Mohamed. Je ne pouvais en être certaine, même si mon intuition me disait qu'il m'aiderait dans la mesure du possible. En véritable ami, il avait pressenti que j'aurais un jour besoin d'aide et m'avait communiqué son numéro de portable. Penser à lui me donna du baume au cœur. Même si je ne savais pas grand-chose de cet homme, il m'inspirait confiance.

Je n'hésitai pas plus longtemps et l'appelai.

— Il s'est passé quelque chose de grave : Farid a complètement perdu la tête, et Emira et moi avons pris la fuite. Je ne sais plus quoi faire.

— Rejoignez-moi au magasin.

— Impossible, c'est trop dangereux. Farid pourrait me voir.

— Attendez.

Après s'être brièvement entretenu avec quelqu'un, Mohamed m'indiqua l'adresse d'un appartement où nous pouvions nous retrouver.

À cet instant précis, il ne me vint même pas à l'idée que, par ma faute, Mohamed risquait gros. Je n'avais plus les idées claires. Plus tard, j'appris que les deux amis avec qui il était lors de mon appel avaient tout tenté pour le dissuader de m'aider.

— Tu te jettes dans la gueule du loup ! s'était écrié Gemai. Avec n'importe qui, ce serait inconvenant, mais là, une femme de médecin, c'est encore pire !

— Il faut que je l'aide, peu importent les convenances.

Mohamed demeura inflexible. J'aurais fait la même chose pour lui, mais il est vrai que mes repères étaient différents. En Allemagne, aucune convenance n'interdisait à une personne d'en secourir une autre. Ce qui ne signifiait pas pour autant que tout le monde était prêt à rendre service.

Par la suite, Mohamed me confia également que mon appel lui avait fourni une occasion qu'il attendait depuis longtemps, et que son attirance pour moi lui avait donné la force de se battre comme un lion.

Le propriétaire de l'appartement que m'avait indiqué Mohamed m'ouvrit. Mon bienfaiteur était déjà sur place et m'accueillit avec une poignée de main formelle, tout en détournant poliment le regard. Puis il m'annonça qu'il avait trouvé une cachette.

— Nous allons nous rendre dans l'arrière-pays, où vit une partie de ma famille.

— Nous serons en sécurité ?

— Là-bas, personne ne vous trouvera.

17

Couscous dans le désert

Mohamed, Emira et moi nous arrêtâmes devant une maisonnette en torchis située à Mezraya, l'un des villages les plus pauvres de Djerba. Les touristes ne se risquaient pas jusque-là. Un petit troupeau de chèvres et de brebis broutait de rares touffes d'herbe, tandis que quelques poules se couraient après en caquetant entre des granges, des habitations de fortune en tôle ondulée, des clôtures chancelantes, des vieux pneus et des tas de ferraille.

Une femme me sourit. Elle était sans doute plus jeune que moi mais paraissait plus âgée, car elle menait une vie de labeur et de privations. Son visage buriné et ridé respirait l'hospitalité. Je remarquai également qu'elle avait les gencives rouge vif à force de mâcher du *soik*, une racine censée prévenir les parodontites et très répandue en Tunisie, où l'on ne pouvait pas se brosser les dents tous les jours.

Mohamed nous présenta. Elle s'appelait Khirea.

La jeune femme m'adressa un sourire timide, puis regarda Emira, qui dormait debout à mes côtés. Les événements de ces derniers jours l'avaient épuisée. J'espérais qu'ici elle pourrait se reposer un peu.

Khirea nous précéda dans la minuscule bâtisse. Dans le petit réduit qui tenait lieu de cuisine, le sol était jonché de récipients remplis de nourriture : huile, paprika moulu, poivrons, semoule, macaronis et, non loin du poêle, une fine tranche de viande en proie aux mouches.

Soudain, j'entendis un moteur approcher et sursautai. Mais Farid n'aurait jamais daigné circuler à mobylette, cet engin assourdissant destiné aux petites gens. Un homme massif, qui se présenta sous le nom de Kilani, déboula dans la cuisine. J'étais étonnée de voir le curieux couple qu'il formait avec Khirea : elle était aussi maigre et discrète qu'il était imposant et rustre. Mais d'apparence seulement. La gentillesse se lisait dans ses yeux.

Khirea nous servit du thé à la menthe dans des petits verres typiquement tunisiens.

— *Bishfe*, dit Mohamed.

— *Bishfe*, répondis-je.

Mohamed but son verre d'une traite.

— *Yechfik*.

— *Yechfik*.

Nous avions pris place dans la petite cuisine, où Khirea préparait le couscous. Nous ne parlions pas beaucoup, car nous étions accablés par la chaleur. Quant à Emira, elle caressait un petit agneau. Même si, pour une Européenne, ce lieu n'invitait pas particulièrement à la détente, je pouvais enfin souffler. Je me sentais en sécurité, ici.

Le couscous fut servi en début de soirée, accompagné d'*allouch*, de la viande de mouton que Kilani avait achetée exprès pour nous. Ici, on n'en mangeait certainement pas tous les jours. Khirea cuisinait le couscous avec beaucoup moins d'épices que la mère de Farid. Dans le nord de la Tunisie, le couscous est quasiment immangeable pour un Européen. Dans le Sud, on le prépare avec d'autres condiments et plus de légumes.

Alors que je dégustais une bouchée de semoule, je fus submergée par une vague de gratitude envers ces personnes qui m'accueillaient à leur table. Après le couscous que j'avais goûté sur le ferry, à mon arrivée en Tunisie, c'était le deuxième plat dont je me souviendrais toute ma vie. C'était curieux : ma relation avec Farid semblait encadrée par deux couscous ! Cette fois, je n'avais plus le moindre doute. Tout était bel et bien terminé entre nous.

— On va vivre ici, maman ? demanda Emira.

— Je ne sais pas. En tout cas, nous sommes en lieu sûr. N'aie pas peur, papa ne nous retrouvera pas.

Tout sourire, Khirea tendit le plat de couscous à Emira et l'invita à se resservir. Emira la remercia et lui dit qu'elle avait assez mangé, le tout en arabe. Mais la jeune femme, peu satisfaite de cette réponse, posa sur la table des amandes, des melons et des pêches.

— *Choukran*, dit Emira.

Je l'imitai.

— *Choukran*, Khirea.

Après avoir passé plusieurs appels, Mohamed nous annonça que nous devions chercher un autre endroit pour la nuit.

Je sursautai.

— C'est à cause de Farid ? Il a retrouvé notre trace ?

— Non, mais on manque de place ici. Nous dormirons à Houmt Souk.

18

L'audience

À Houmt Souk, chef-lieu de l'île de Djerba, nous fûmes accueillis à bras ouverts par un cousin de Mohamed qui, comme tant de jeunes diplômés tunisiens, était au chômage. Fathi était marié à Radhia, qui venait de Gafsa. Eux aussi formaient un couple atypique, car la tradition voulait que les hommes originaires de Matmata – c'était le cas de Mohamed et Fathi – épousent des femmes de la même région.

Je découvris la Tunisie sous un jour nouveau. Je n'étais jamais allée aussi loin. M'immerger dans la culture tunisienne, n'était-ce pas ce que j'avais toujours souhaité ?

Fathi et Radhia nous hébergèrent pendant plusieurs semaines et nous traitèrent avec la plus grande gentillesse. Leur maison étant un lieu de passage important, et je rencontrai beaucoup de personnes intéressantes. Peu à peu, je finis par me détendre, par ne plus sursauter au moindre bruit. Nul ne me jugeait, ne me rabrouait ou ne me harcelait. Je n'avais à me justifier de rien, on m'acceptait. Même si, au début, j'étais tellement perturbée que je fondais en larmes pour un oui ou pour un non. Cela faisait trop longtemps que l'on n'avait plus fait preuve d'humanité et de compassion à mon égard.

Mohamed se rendait à l'épicerie tous les matins et rentrait tous les soirs. Dès que son travail le lui permettait, il passait me voir dans la journée. Son amitié m'était précieuse.

Quant à moi, je mis à profit mon temps libre pour apprendre l'arabe, tandis qu'Emira jouait avec les autres enfants. Elle riait et s'épanouissait dans cette atmosphère chaleureuse. Nous passions de longs moments assises toutes les deux dans la tiédeur du soir. Blottie contre moi, elle me racontait sa journée. Parfois, elle s'endormait au beau milieu d'une phrase.

En revanche, Mohamed et moi nous retrouvions rarement seuls. À mon grand regret, finis-je par admettre. C'était un plaisir de discuter avec lui. Je cherchais à en savoir plus sur l'homme qui nous soutenait depuis si longtemps.

Chez Radhia aussi, hommes et femmes se mélangeaient rarement. Nous attendions donc que les autres soient endormis pour nous retrouver sur la terrasse et parler tout bas.

— Vous avez une fiancée ? demandai-je un soir à Mohamed.

Celui-ci, gêné, secoua la tête.

— À votre âge ?

J'étais étonnée, car je pensais qu'il avait dépassé la trentaine.

— Quoi, à mon âge ? J'ai vingt-deux ans, je ne suis pas si vieux que ça.

Je le regardai, incrédule. Vingt-deux ans ! Soit quatorze de moins que moi.

— Et vous, vous avez quel âge ? demanda-t-il, intrigué par ma réaction.

— J'ai trente-six ans.

À son tour d'être surpris. Nous éclatâmes de rire. Aucun ne voulait croire l'autre, et nous finîmes par échanger nos papiers.

Le lendemain matin, nous dûmes expliquer aux autres ce qui nous avait tant amusés, car nous les avions réveillés !

Un jour, Mohamed et moi partîmes passer la journée au bord de la mer. J'avais besoin de tendresse, d'attention. Je voulais que quelqu'un me serre dans ses bras, tout simplement. Ce fut Mohamed.

Je revins à Houmt Souk suffisamment requinquée pour me renseigner sur les différents moyens à ma disposition pour rayer Farid de ma vie. Je commençai par raconter les derniers événements en détail dans une déposition que Radhia transmit à un traducteur assermenté. Une fois le document rédigé en arabe, je le déposai au tribunal, où il fut convenu d'un rendez-vous ultérieur.

Que se passerait-il ensuite ? Farid et moi allions-nous divorcer ? Si oui, qui de nous deux obtiendrait la garde d'Emira ? J'avais bien du mal à établir un pronostic. Aux yeux de la loi tunisienne, ma situation était délicate. Quelques années auparavant, à l'aéroport, on avait déjà voulu m'empêcher de quitter le pays avec Emira alors que nos papiers étaient parfaitement en règle. Or, à l'époque, Farid n'avait aucune raison de s'opposer à notre départ.

— Vous ne pouvez pas sortir du territoire avec votre fille sans l'autorisation écrite de son père.

— Mais mon mari est informé de notre départ !

— Nous ne pouvons pas vous laisser passer sans son consentement.

Finalement, un haut responsable avait fini par téléphoner au « grand » médecin qui, dans son infinie bonté, m'avait autorisée à prendre l'avion pour l'Allemagne avec sa fille. Hélas, cette mise au point avait pris tellement de temps qu'Emira et moi avions raté notre vol. Nous avions dû patienter jusqu'au lendemain.

Cet incident aurait dû m'alerter. Mais, à cette époque, entre Farid et moi, l'espoir n'avait pas encore laissé place à la haine.

Je me remémorai ce moment terrible où Farid m'avait balancé à la figure tout le mépris que je lui inspirais. Il ne m'accordait plus aucune espèce d'importance, mais il ne laisserait jamais Emira partir. Moi, je n'étais qu'une potiche encombrante, une indésirable qui avait emmené sa fille dans son pays.

Vas-y, ne te gêne pas ! Tu peux rentrer chez toi quand tu le veux.

Oui, je pouvais. Mais qu'allait devenir Emira ? À cette pensée, je sentis mon cœur se serrer dans ma poitrine.

Farid et moi fûmes convoqués au tribunal le même jour. J'étais à bout de nerfs, car Farid m'avait placée sous surveillance. Une semaine avant l'audience, il commença à me harceler. Non content de m'envoyer des SMS à n'importe quelle heure du jour et de la nuit, il y indiquait l'endroit précis où je me trouvais. *Souk Libya, hôtel Yasmina, port de plaisance, rue Sidi Mansour...* Il avait envoyé à mes trousses des espions qui savaient rester discrets car, j'avais beau me retourner fréquemment dans la rue, j'étais incapable de dire qui me suivait. De cette façon, Farid entendait me montrer qu'il me contrôlait et qu'il ne lâcherait pas prise de sitôt, quelles que soient les démarches que j'entreprendrais.

La veille de l'audience, impossible de fermer l'œil. Avant de me rendre au tribunal, je pris soin de revêtir un châle et un foulard afin de faire bonne impression au juge.

— Mon mari me battait, j'ai donc quitté le domicile conjugal.

— Cette femme est une traînée, une mauvaise épouse et une mauvaise mère.

— Mon mari ment.

— Ma femme ment. Je n'ai jamais levé la main sur elle.

Le juge se tourna vers moi.

— Pouvez-vous prouver que vous avez été maltraitée ?

J'avais été meurtrie au plus profond de moi-même, mais comment en apporter la preuve ?

Je savais que les deux personnes en mesure de confirmer mes dires ne me viendraient pas en aide. Si Tarek témoignait en ma faveur, il accablait son frère. Quant à notre ancien propriétaire, il n'avait jamais assisté à des scènes de violence. Il m'avait seulement recueillie chez lui le soir où j'étais sortie de l'appartement en hurlant. J'aurais pu également citer Mohamed. Ce dernier m'avait récemment confié qu'il avait vite saisi la gravité de la situation, mais sans savoir comment intervenir. Dans le quartier, la rumeur s'était répandue comme une traînée de poudre. Une femme qui criait dans la nuit... Qui était-ce ? Ah, l'épouse du médecin... Tout le voisinage savait, mais personne ne m'avait tendu la main. Et puis, en Tunisie, les violences conjugales étaient monnaie courante.

— Après avoir reçu ces coups, êtes-vous allée à l'hôpital ? demanda le juge. Existe-t-il un dossier médical, des photos, un rapport écrit ? Vous êtes-vous rendue au commissariat ?

Une fois encore, je secouai la tête. Tarek m'en avait dissuadée, car une telle démarche aurait causé beaucoup de tort à Farid. Il perdrait le droit d'exercer et serait privé de revenus. Selon Tarek, cela n'était pas dans mon intérêt.

À son tour, Farid m'accusa de l'avoir trompé avec les cavaliers qui sillonnaient les plages de Djerba, un argument fréquemment entendu dans les tribunaux tunisiens, car ces hommes avaient la réputation de changer plus souvent de femme que de monture. J'ignorais s'il était au courant de l'affection que me portait Mohamed. En tout cas, il se garda de l'évoquer. Affirmer que son épouse lui avait préféré un marchand de fruits et légumes aurait été pour lui l'humiliation suprême. Les cavaliers de la plage, très prisés des touristes européennes, voilà qui était plus crédible. N'étais-je pas une touriste, moi aussi ?

Sur ce, le juge nous dit qu'il nous annoncerait sa décision en temps voulu.

Le lendemain, Mohamed profita de la pause-déjeuner pour venir me voir. Nous décidâmes de nous rendre dans un bel hôtel où Emira pourrait profiter de la piscine pour les enfants. Là-bas, nous ne nous sentirions pas épiés. Comme dans tous les complexes hôteliers de luxe, l'entrée était gardée par un agent de sécurité et équipée d'une barrière. Alors que je venais de m'arrêter afin que l'agent de sécurité jette un coup d'œil dans la voiture, la portière côté passager s'ouvrit brusquement et Mohamed fut jeté à terre. Farid !

Mohamed était trop choqué pour se défendre. Farid le prit par le col et le secoua, tout en l'abreuvant d'insultes. L'agent de sécurité tenta de s'interposer, mais Farid lui aboya un ordre. L'homme détourna le regard. Quant à Emira, complètement paniquée, elle était recroquevillée sur le plancher de la voiture et criait en se bouchant les oreilles. Mohamed parvint à se dégager et bondit dans la voiture. Je démarrai en trombe, sans savoir où aller. L'essentiel était de prendre la fuite. À l'intersection suivante, j'empruntai la route menant vers le sud. Mohamed et moi, tremblants de la tête aux pieds, ne prononçâmes pas un mot durant plusieurs kilomètres, tandis qu'Emira gémissait, inconsolable. Je gardais l'œil rivé sur le rétroviseur. Farid préviendrait-il ses contacts dans la police ? Risquions-nous d'être arrêtés ? Une femme mariée n'avait en aucun cas le droit d'aller se promener avec un inconnu dès que l'envie l'en prenait, et encore moins contre l'avis de son mari.

Nous atteignîmes l'ancienne voie romaine reliant Djerba à Zarzis. Combien de fois l'avais-je déjà empruntée, d'abord avec ma Kangoo, puis avec ma Laguna, toutes deux chargées à ras bord du matériel que m'avait réclamé Farid ? L'amour et l'espoir que j'avais rapportés avec avaient fini par disparaître, à force d'être foulés aux pieds.

Mohamed m'indiqua le chemin jusqu'à Toujane, non loin de Matmata, son village natal. Heureusement, le réservoir de la voiture était plein. Nous n'avions aucune affaire de rechange, puisque notre intention de départ était simplement de sortir prendre un café à l'hôtel.

Plus nous nous éloignions de l'oasis de Zarzis, plus les habitations perdaient en taille et en confort. Encore sous le choc de l'agression, nous ne parlions quasiment pas. Dans d'autres circonstances, je me serais intéressée à cette vue impressionnante, à ces paysages arides et brûlés par le soleil. Il pleuvait de moins en moins depuis plusieurs années. Et encore, quand il pleuvait. Les jeunes fuyaient la sécheresse et partaient vivre à Djerba ou à Zarzis, où ils espéraient trouver du travail et subvenir aux besoins de leur famille, souvent sans succès hélas.

Nous traversâmes des villages entièrement déserts où ne subsistaient çà et là que quelques traces de vie : des chèvres qui gravissaient des flancs de colline abrupts et broutaient quelques maigres touffes d'herbe, un petit garçon qui cueillait du romarin pour le vendre en échange de quelques piécettes aux rares touristes qui s'aventuraient jusque dans ces montagnes rougeâtres. Au-delà, c'était la steppe, où vivaient les Berbères, puis le désert. Sur ce chemin empreint d'une beauté austère, chaque virage nous éloignait un peu plus de Farid.

Après deux heures de route, nous fûmes accueillis par l'oncle de Mohamed, le frère cadet de sa mère, prénommé lui aussi Mohammed, mais avec deux « m ». Il vivait dans une maison relativement confortable pour la région, car elle était équipée d'une douche et de sanitaires. Du fait de leur faible différence d'âge, les deux hommes s'étaient toujours bien entendus. Mohammed s'amusa à chatouiller Emira, qui rit aux éclats et lui rendit la pareille. Elle semblait oublier l'agression. Mohamed et son oncle finirent les quatre fers en l'air, hilares.

Une fois Emira endormie, nous réfléchîmes tous trois à la suite des événements. Mon cerveau était comme engourdi, je n'avais qu'une idée en tête, m'éloigner de Farid au maximum. Et je n'étais plus seule dans ma fuite. À présent, Mohamed avait lui aussi toutes les raisons de se cacher. En effet, nous n'allions pas tarder à apprendre que nous étions recherchés par la police.

19

La vie troglodyte

Peu de touristes se risquaient seuls dans les montagnes tunisiennes, ou alors, involontairement. Cependant, il n'était pas rare de voir des groupes arriver en car, prendre des photos, admirer la vue exceptionnelle, boire un verre de thé et repartir en sens inverse.

Les environs de Matmata étaient réputés pour la beauté de leurs paysages arides et montagneux, à la végétation épineuse avec, çà et là, quelques palmiers et quelques oliviers.

L'oncle de Mohamed nous conseilla de nous adresser au responsable du bureau de poste, qui pourrait peut-être nous venir en aide. Nous lui expliquâmes la situation, mais il répondit qu'il avait trop peur de nous héberger et s'en excusa. À son tour, il nous envoya chez Bechir, un vieil homme qui vivait en troglodyte, plus haut dans la montagne. Comme Mohamed était originaire de la région, il nous prêterait peut-être main-forte.

En Tunisie, héberger des invités pour la nuit sans en référer à la police était une infraction, chaque visite devant faire l'objet d'une déposition. Décidément, tout semblait prévu pour faciliter la tâche de Farid. Mieux valait donc trouver quelqu'un qui accepterait de nous laisser dormir chez lui clandestinement.

Bechir n'hésita pas une seconde et nous accueillit chaleureusement. Nous dormîmes à même le sol, mais son accueil amical valait tout le confort du monde. Malgré l'angoisse qui me rongeait, j'étais bien consciente de la chance que j'avais de rencontrer des personnes si merveilleuses, toujours prêtes à nous aider sans rien demander en retour et à partager leurs maigres provisions.

Au petit-déjeuner, Bechir nous servit du pain frais et des dattes, puis Emira l'aida à laver la vaisselle, tout en fredonnant une chanson. Je l'observai attentivement, mais elle ne semblait nullement soucieuse. Pour elle comme pour tous les enfants, seul comptait l'instant présent ; elle vivait le trajet jusque dans la montagne puis la nuit passée dans la grotte comme une grande aventure. Bechir, m'estimant victime d'une injustice, proposa de nous héberger quelque temps. Il saisissait la moindre occasion pour s'élever contre les autorités, qui opprimaient les petites gens.

Mohamed, lui, préférait s'adresser à ses parents, qui vivaient non loin de là.

— Avec plaisir ! m'exclamai-je. Comme ça, je pourrai enfin prendre une douche.

Certes, je trouvais la grotte de Bechir très pittoresque, mais l'eau courante me manquait énormément.

À ces mots, Mohamed pâlit. Sur la route menant au village de ses parents, il se montra encore plus taciturne qu'à l'accoutumée. Je le crus, comme moi, absorbé par le paysage, qui était d'une beauté à couper le souffle.

— Je suis désolé, Tina, mais mes parents n'ont pas de salle de bains, murmura-t-il enfin.

— Ils ont bien un peu d'eau, non ?

— Oui, Tina. Mais chez eux... Comment dire ? Là-bas... Nous sommes très pauvres, voilà.

Mohamed avait honte de ne pouvoir m'offrir ce que je désirais. De mon côté, je m'en voulus immédiatement d'avoir été aussi maladroite.

— Je m'en accommoderai très bien, répondis-je en posant la main sur son genou. Merci de me soutenir.

Évidemment, une bonne douche aurait été la bienvenue. Mais, lors de ce périple à travers le désert, je compris combien l'eau était précieuse. Comme il pleuvait de moins en moins, les Berbères devaient parcourir des kilomètres avant de trouver une source qui n'était pas encore tarie. J'éprouvais un profond respect pour ces personnes qui restaient dans leur région malgré la pauvreté et les privations. L'être humain se révélait très ingénieux quand il devait subsister par ses propres moyens. Il s'adaptait au chaud comme au froid et parvenait à survivre, voire à être un peu heureux.

La nuit était déjà tombée à notre arrivée, et il fallut réveiller la famille de Mohamed. Son père, Hedi, dormait à la belle étoile. Sa mère, Zina, et Nawres, sa sœur cadette, qui avait un an de plus qu'Emira, se trouvaient à l'intérieur. D'abord surpris, ils nous accueillirent chaleureusement. Leurs silhouettes se détachaient sur le ciel étoilé, presque irréelles. Ils nous indiquèrent où dormir :

Mohamed s'installerait dehors, Emira et moi, dans la maison. J'étais tellement épuisée que je m'endormis aussitôt.

Le lendemain, je pus enfin voir la famille de Mohamed à la lumière du jour. Zina, une femme grande et maigre, me réveilla pour le petit-déjeuner. Au menu : pain et huile d'olive. Elle avait préparé du café à la turque dans une petite casserole posée directement sur le feu. Il sentait divinement bon.

Ensuite, Mohamed résuma la situation en quelques mots. En voyant son père hocher la tête, pensif, je compris de qui Mohamed tenait son caractère posé. Hedi ne nous fit aucune remontrance. Mais Mohamed ne lui raconta qu'une partie de l'histoire. Ses parents comprirent le reste au cours de la deuxième nuit que nous passâmes chez eux. Comme je me sentais terriblement seule dans la maison, je sortis à pas de loup et me glissai sous la couverture de Mohamed.

— Tina, non, ça ne va pas ! Imagine que mes parents se réveillent !

— Mais je me sens si seule…

— S'il te plaît, Tina !

— J'ai envie d'être près de toi.

— Ce n'est pas convenable.

— Quelques minutes !

Encore une fois, Mohamed dit non, alors que son corps disait oui.

Le lendemain matin, au réveil, je croisai le regard triste de Hedi. Gênée, j'étouffai un bâillement tandis qu'il s'éloignait.

Deux mois plus tard, un proche de Mohamed qui vivait au village vint jusqu'à Tunis pour lui transmettre un message de la part de son père.

— Hedi m'a chargé de te prévenir qu'un tel écart ne devait en aucun cas se reproduire.

Mohamed hocha la tête en signe de contrition. Il fit savoir à son père qu'il s'excusait pour ce faux pas et que cela n'arriverait plus.

Vivre avec les parents de Mohamed fut pour moi un véritable choc culturel. Chez eux, pas d'eau courante ni de sanitaires, pas même un trou, rien. Nous devions nous cacher entre les oliviers, les figuiers et les oliviers ou dans les fourrés. Pour se laver, il fallait d'abord puiser de l'eau, tâche à laquelle Zina s'attelait tous les matins. Elle se levait à l'aube, emmenait paître les chèvres et marchait longtemps avant d'atteindre le puits. Les bidons pesaient lourd, mais elle les portait sur le dos au moyen d'une sangle de cuir qu'elle se passait autour du front. Puis elle préparait le repas, age-nouillée à même le sol caillouteux de la cuisine et cuisait son pain directement dans l'âtre d'une petite cheminée. Son courage forçait l'admiration.

Pour que nous puissions nous doucher, une chambre fut convertie en salle de bains. Nous pre-nions un seau et nous nous aspergions d'eau, puis nous passions la serpillière. C'était bien pratique, en réalité.

Cette étape fut difficile pour Mohamed. Comme il habitait depuis déjà un certain temps à Djerba, il était habitué à un certain confort et avait du mal à se passer de douche et de sanitaires. Il était également triste de voir ses parents vivre dans un tel dénuement. De mon côté, je lui disais souvent combien je me plaisais dans sa famille. De plus, Emira était enchantée, car elle s'entendait très bien avec Nawres. Les deux fillettes devinrent tout de suite inséparables.

— Maman, tu es d'accord pour qu'on reste vivre ici ?

Pour elle, la solution était toute trouvée.

La maison qu'occupait la famille de Mohamed était certes rustique, mais je la trouvais charmante, avec ses murs peints dans un joli bleu très à la mode en Allemagne, comme j'avais pu le constater la dernière fois que j'étais allée chez Ikea. De façon générale, les éléments de décoration arabe faisaient fureur. Dans un magazine féminin, j'avais même vu des mannequins poser avec des chèvres devant une bâtisse aux murs écaillés. Mais il ne s'agissait pas de décoration, ici, tout était authentique. C'était la vraie vie. Loin des hôtels de luxe et des nouveaux riches, je venais de trouver ce que je cherchais depuis mon arrivée en Tunisie. Le bonheur tenait à peu de chose, finalement.

Hélas, nous ne pouvions pas nous attarder. D'une part, nous manquions de place et, d'autre part, je supposai que les parents de Mohamed n'avaient pas les moyens de nourrir plus longtemps trois bouches supplémentaires. Je me serais volontiers chargée des courses à leur place, mais je ne savais pas du tout où aller.

Nous décidâmes de partir en quête d'une grotte, plus haut dans la montagne. J'étais fascinée par les habitations troglodytes situées dans les environs de Matmata. Des siècles, voire des millénaires auparavant – nul ne le savait avec exactitude –, des hommes s'étaient aménagé des abris en creusant à flanc de montagne, là où la roche était la plus friable. Dans ces structures en nids-d'abeilles, les différentes pièces donnaient sur une cour centrale, et les parois taillées en entonnoir jusqu'au sommet laissaient passer la lumière du jour. Mais, surtout, l'entrée de ces grottes était à peine visible, ce qui en faisait des cachettes idéales. Et toutes les grottes n'étaient pas aussi spartiates que je l'imaginais. Dans certaines, il y avait même l'électricité et la télévision. Mais nous pouvions très bien nous en passer.

Au marché, nous achetâmes tout le matériel nécessaire pour camper, ainsi que de la nourriture pour plusieurs jours. Puis nous élûmes domicile dans une grotte qui jouissait d'un magnifique panorama jusqu'à la mer, que nous voyions scintiller à l'horizon. C'est d'ailleurs dans ce paysage lunaire des environs de Matmata que fut tourné le film *La Guerre des étoiles*.

La nuit, nous nous retirions dans la grotte, le jour, nous partions explorer les alentours. Nous nous nourrissions notamment de *kouch arbi*, un plat traditionnel de viande aromatisée au thym. Nous la laissions cuire plusieurs heures durant dans un foyer creusé à même le sable, ce qui rendait la chair fondante et tendre à souhait.

Nous quittâmes notre grotte une semaine plus tard pour regagner Toujane, où un cousin éloigné de Mohamed célébrait son mariage. À notre arrivée là-bas, nos doutes furent confirmés : nous étions recherchés par la police. Farid avait même proposé une récompense en échange de notre capture : cent dinars pour celui ou celle qui lui indiquerait notre cachette.

En entendant la nouvelle, je fus prise de tremblements. Impossible de me calmer. Mohamed paniquait, lui aussi. Nous attendîmes la tombée de la nuit pour quitter Toujane. Nous roulions tous feux éteints afin de ne pas attirer l'attention, ce qui était difficile avec une Renault Laguna immatriculée en Allemagne. La pression que Farid exerçait sur nous était efficace. Bien conscients de la complexité de la situation, nous hésitâmes longtemps sur la marche à suivre. Finalement, nous décidâmes de nous livrer à la police.

Mohammed, l'oncle de Mohamed, nous accompagna au commissariat. Dans ma déposition, je déclarai solennellement avoir suivi de mon plein gré Mohamed, qui m'avait porté secours car mon mari me battait. Dans le doute, nos interlocuteurs, des hommes plutôt sympathiques, décidèrent de ne pas arrêter Mohamed. Farid ne disposant d'aucun contact dans cette région, les policiers n'étaient pas à sa botte. Ils rédigèrent un rapport et nous informèrent que nous pouvions aller et venir à notre guise, à condition d'informer régulièrement les autorités de notre lieu de résidence.

Mohamed et moi jugeâmes préférable de nous séparer quelque temps. Comme j'étais toujours mariée à un autre homme, je risquais de m'attirer des ennuis en restant avec lui. Et, dans notre situation, nous ne pouvions pas louer de logement. La loi nous interdisait même de partager une chambre d'hôtel.

Mohamed serait hébergé chez son oncle, tandis qu'Emira et moi irions dans une auberge troglodyte. J'eus le plus grand mal à me séparer de cet homme qui m'avait apporté le soutien dont j'avais tant manqué au cours de ces dernières années. Non seulement je lui accordais toute ma confiance, mais je m'en remettais entièrement à lui. Dernièrement, l'affection qu'il m'inspirait avait laissé place à un sentiment plus profond. Mais je ne retomberais pas amoureuse tant que l'ombre de Farid planerait au-dessus de moi. J'attendais que le divorce soit prononcé.

Au moins, ici, je vais pouvoir prendre une douche, me dis-je en arrivant à l'auberge. Mais, comme le règlement exigeait des clients qu'ils déclinent leur identité à l'accueil, je craignais que Farid apprenne où nous nous trouvions et vienne enlever Emira. Je décidai donc de la confier aux parents de Mohamed.

Je lui rendais visite tous les jours, puis regagnais l'auberge à la tombée de la nuit. La voir jouer avec Nawres me mettait du baume au cœur. Je me sentais plus détendue, car le risque que Farid localise Emira était quasi inexistant dans cette région reculée. Certes, il connaissait le nom de Mohamed, mais celui-ci ne portait pas le même patronyme que ses parents.

J'attendis d'être plus calme et reposée avant de réfléchir à la suite. Toutes mes pensées tournaient autour du divorce et du droit de garde, question qui serait débattue au cours des prochains mois. Mieux valait rentrer à Djerba et y construire une existence stable pour Emira et moi. Ainsi, je montrerais au juge que je méritais d'obtenir la garde de ma fille. Farid avait déjà engagé un avocat, il fallait que je fasse de même.

Alice, l'ex-collègue luxembourgeoise qui m'avait déjà aidée par le passé, me donna les coordonnées d'un notaire de Djerba, qui accepta de me louer un appartement lumineux et confortable dans sa maison flambant neuve. Quoi de plus sérieux qu'un notaire ? Voilà ce que j'appelais un excellent point de départ.

20

Dans le désert

Au mois d'août 2007, Emira et moi emména-geâmes dans un trois pièces avec cuisine et salle de bains. Je disposais même d'une place de parking réservée dans la cour intérieure. Pour la première fois depuis notre retour en Tunisie, nous allions vivre rien que toutes les deux. Nous repartions de zéro, nous n'avions quasiment aucun meuble, mais je ne m'en souciai pas immédiatement. J'avais pour priorité de trouver une bonne école pour ma fille. Après ce que nous venions de vivre, je tenais à ce qu'elle ait enfin la possibilité de s'épanouir dans un cadre rassurant.

Cependant, Emira, perturbée par les épreuves qu'elle venait de traverser, refusait d'être séparée de moi. Elle avait manifestement peur des institu-trices, et même des autres enfants.

— Je suis sûre que tu vas bien t'amuser à l'école, mon trésor.

— On ne peut pas retourner dans la montagne, maman ?

— Non, Emira, c'est impossible.

— Je veux voir Nawres !

— Nous lui rendrons visite pendant les vacances.

— C'est quand, les vacances ?

— Bientôt. En attendant, tu iras à l'école et tu feras connaissance avec d'autres enfants. Le temps passera plus vite.

Emira secoua la tête.

— Je ne veux pas y aller.

— C'est obligatoire pour tous les petits Tunisiens.

Emira se renfrogna. Quel était le problème ? Je ne l'avais jamais vue dans cet état. Les événements traumatisants des dernières semaines lui revenaient-ils en mémoire ?

— Ton papa te manque ? lui demandai-je.

Une nouvelle fois, Emira secoua la tête. Je décidai de rester avec elle lors des premiers jours d'école. Mais Emira refusa d'entrer dans la salle de classe et resta plantée en plein milieu de la cour. J'eus beau lui demander gentiment, la supplier, la menacer, négocier, rien n'y fit. Fallait-il y voir l'expression d'un mal-être ? Souffrait-elle d'épuisement ? Impossible de le savoir, j'étais démunie.

Je me trouvais moi aussi dans un état de tension extrême. Je vivais dans un pays étranger, j'étais livrée à moi-même, et je devais à tout prix trouver un moyen d'assurer notre subsistance. Pour que l'on me confie ma fille, je me devais d'être irréprochable, et ce dans tous les domaines. La question du divorce et du droit de garde me taraudait jour et nuit. Comment allais-je m'en sortir ? Je n'arrivais pas à me projeter. Je ne m'étais jamais sentie aussi épuisée et impuissante de toute ma vie. Pourtant, je savais que je ne pouvais m'autoriser aucune faiblesse, car Emira avait besoin de moi, de ma force, de mon soutien.

Pour l'heure, j'étais au pied du mur. Je manquais de tout, même de meubles. Où pourrais-je trouver du travail ? Et qu'allait devenir Emira, si on m'embauchait mais qu'elle refusait d'aller à l'école ? Je souffrais de mon isolement, ce n'était pas évident de remédier à tous ces problèmes par moi-même. Et impossible de voir Mohamed, car Farid, qui m'avait certainement placée à nouveau sous surveillance, n'attendait que cela. Mohamed, justement, aurait su me redonner la force dont j'avais besoin et qu'à mon tour j'aurais pu transmettre à Emira. Or, nos rares rendez-vous secrets n'avaient rien de rassurant, au contraire. Ils ne faisaient que renforcer notre angoisse, car nous nous sentions constamment épiés.

Je réfléchissais sans cesse. Une seule chose était sûre : pas de travail, pas de droit de garde. À force de retourner le problème dans tous les sens, j'en arrivai à la conclusion suivante : il fallait trouver quelqu'un à qui confier Emira. Mais pas un proche de Mohamed, car cela risquait de se retourner contre moi au tribunal. Certes, Emira s'entendait très bien avec Nawres, et je savais que là-bas on s'occuperait très bien d'elle, mais Farid ne l'accepterait jamais. Sa fierté serait piquée au vif. Qui, alors ? Les quelques responsables de groupes avec qui j'avais gardé contact avaient toutes un emploi, elles ne pourraient donc pas m'aider. Et je ne connaissais aucune autre personne de confiance.

Dans ces conditions, pourquoi ne pas conduire Emira à M'saken, où vivait la famille de Farid ? Emira s'entendait bien avec ses cousins et cousines. Là-bas, elle ne se retrouverait pas toute seule, elle côtoierait d'autres enfants. Et puis, de cette façon, je montrerais que j'étais prête à coopérer. Le juge pourrait difficilement me reprocher d'avoir voulu priver Farid de sa fille, si je la confiais de mon plein gré à sa famille. C'était peut-être la meilleure solution.

Non, c'était la seule solution.

J'exposai la situation à Emira. Lorsque je lui demandai si elle était d'accord, elle hocha la tête. À cinq ans, elle n'avait jamais eu aucun grief contre ses grands-parents paternels.

Le cœur gros, je parcourus les cinq cents kilomètres qui séparaient Emira des parents de Farid, installés dans le nord du pays, à M'saken. À l'arrivée, je jouai cartes sur table : si je faisais appel à eux, c'était pour pouvoir trouver du travail. Je devais acquérir mon indépendance financière, inutile de compter sur Farid et une hypothétique pension alimentaire. Lorsque sa mère fondit en larmes, je déduisis qu'il lui envoyait sans doute très peu d'argent. Pourtant, ses parents en auraient eu bien besoin, étant donné leurs conditions de vie. Nous nous réconfortâmes mutuellement, et, pour la première fois depuis que je connaissais les parents de Farid, je me sentis accueillie, acceptée. Peut-être les avais-je mal jugés, par le passé. Ils avaient bon fond, je savais qu'ils s'occuperaient très bien de ma fille.

Il me fut très pénible de me séparer d'Emira, mais c'était la seule solution. Et puis cet arrangement n'était que temporaire, le temps que je retrouve du travail et m'organise.

Peu de temps après, Farid déclara au juge qu'il retirait tout ce qu'il avait pu dire contre moi. À ce moment-là, je sus que j'avais pris la bonne décision. Il affirma qu'il s'était trompé, que je n'avais pas couché avec les cavaliers de la plage et que j'avais été une bonne épouse. Sur les conseils de mon avocat, je revins à mon tour sur les accusations de maltraitance. La procédure s'accéléra, car il s'agissait désormais d'un divorce par consentement mutuel.

Mohamed, lui, décida de quitter provisoirement Djerba, où il se savait surveillé. Il trouva un emploi à Tunis ainsi qu'une chambre dans une colocation. J'étais donc seule, à cinq cents kilomètres d'Emira et à six cents de Mohamed. J'essayai de me consoler en me disant que cela ne durerait pas éternellement.

Ma grand-mère et ma sœur, dont la visite était prévue depuis longtemps, arrivèrent en septembre et furent très surprises de constater l'absence de ma fille. Lorsque je les conduisis à M'saken, nous fûmes accueillies à bras ouverts. Emira était folle de joie de revoir son arrière-grand-mère et sa tante. Ma grand-mère eut également plaisir à rencontrer toutes les gentilles personnes qui vivaient chez la sœur de Farid. Celle-ci, qui avait une grande maison, nous hébergea le temps de notre séjour. Lors du départ, je pris sur moi pour ne pas fondre en larmes, et Emira ne pleura pas non plus. Elle essayait, comme moi, de rendre la séparation moins douloureuse. Si je m'étais écoutée, je l'aurais appelée tous les jours, mais je craignais de la perturber. Pour qu'elle s'adapte à son nouvel environnement et à son école, mieux valait sans doute que je reste discrète.

Une fois ma grand-mère et ma sœur rentrées en Allemagne, j'allai rendre visite à Mohamed. Lorsque j'arrivai à Tunis, il m'annonça que Walid, un ami qui organisait des circuits touristiques, nous proposait de participer à une excursion dans le désert. C'était sa façon de nous venir en aide.

— Emira aurait adoré !

— Nous y retournerons tous les trois, promit Mohamed.

Encore une fois, je remarquai la place importante qu'occupaient les amis dans la vie de Mohamed. Très apprécié, il les soutenait et prenait souvent de leurs nouvelles.

Mohamed vivait en colocation avec deux autres hommes, aussi n'étions-nous jamais seuls, et nous n'avions pas le droit de nous promener main dans la main, encore moins de nous embrasser. Cette excursion dans le désert était donc très attendue. Hélas, une fois sur place, impossible d'avoir un moment d'intimité. Au programme : deux nuits sous une tente bédouine, cuisson du pain sur un foyer creusé dans le sable et concert de musique traditionnelle à la belle étoile, le tout en compagnie de touristes suédois. L'ambiance était sympathique, mais j'aurais nettement préféré me retrouver seule avec Mohamed. Cependant, j'appréciais beaucoup son geste.

Au cours de toutes ces années passées en Tunisie, je ne m'étais jamais aventurée bien loin dans le désert. Voilà qui allait bientôt changer. Le Sahara s'étendait à perte de vue, telle une immense mer de sable. Hormis les quelques palmiers plantés çà et là qui annonçaient l'oasis de Douz, l'univers semblait n'être plus que sable et vent.

Alors que j'attendais avec impatience la balade à dos de chameau prévue à la tombée de la nuit, je fus déçue d'apprendre qu'elle ne durerait que quarante-cinq minutes. Finalement, nous partîmes plus de six heures, car Walid se perdit. Tout commença lorsqu'une magnifique couverture brodée glissa de l'un des chameaux. Nous rebroussâmes chemin pour la retrouver, ce qui désorienta notre guide. Il faisait nuit noire, nous n'avions pas prévu assez d'eau pour une si longue promenade et nos portables ne captaient que par intermittence. Walid parvint toutefois à passer plusieurs appels d'urgence. L'un de ses interlocuteurs lui conseilla de se servir de la lune comme point de repère. Malheureusement, les chameaux refusaient d'avancer. Nous étions épuisés, nous avions mal partout. L'angoisse nous gagna, Mohamed et moi, surtout lorsque nous sentîmes que Walid commençait également à paniquer. Heureusement qu'Emira n'était pas de la partie ! Finalement, les phares d'une jeep apparurent au loin. Nous criâmes et agitâmes les bras, en vain. Ne nous voyant pas, le véhicule repartit dans la direction opposée. Désespérée, je portai deux doigts à ma bouche et émis une série de sifflements stridents. Mohamed sursauta et faillit tomber de son chameau. Walid non plus n'en revenait pas. À en croire l'expression sur leur visage, ils n'avaient jamais vu une femme se conduire ainsi. Mes sifflements n'échappèrent pas non plus aux occupants de la jeep, qui se dirigèrent vers nous. Mohamed et moi montâmes à bord, tandis que Walid nous suivit avec les chameaux.

Nous ne regagnâmes cependant pas immédiatement le campement, car la jeep s'enlisa, et il nous fallut une éternité pour la dégager. Le lendemain matin, nous étions perclus de courbatures, nous pouvions à peine bouger. Pour couronner le tout, une randonnée à cheval figurait au programme ! Je crus d'abord ne jamais réussir à monter en selle mais, une fois juchée sur le magnifique cheval que l'on m'avait attribué et qui m'emmena dans le désert au galop, j'étais la plus heureuse du monde. Cette excursion est l'un de mes meilleurs souvenirs de Tunisie, contrairement à Mohamed, qui a eu la peur de sa vie. Il avait passé la nuit à se demander si quelqu'un viendrait nous porter secours. De plus, il culpabilisait parce que nous nous étions perdus à cause de son ami. Et voilà qu'il devait monter à cheval et galoper ! La coupe était pleine. Il n'aspirait qu'à passer quelques moments romantiques avec moi, à la belle étoile. L'aventure, il en avait soupé.

Tandis que nous regagnions Tunis en voiture, je remarquai qu'il était prostré. J'empruntai alors une petite route secondaire afin que nous puissions un peu nous isoler.

21

Le divorce

Comme Farid et moi étions tous deux revenus sur nos déclarations, le divorce fut prononcé en novembre 2007, au terme d'une procédure simplifiée. Farid obtint la garde d'Emira, car celle-ci vivait dans sa famille, mais à condition qu'il emménage près de M'saken. Il s'y engagea par écrit. Pour ma part, je m'occuperais d'elle pendant les vacances et aurais le droit de lui rendre visite à tout moment. À mon grand soulagement, le chapitre Farid était en train de se refermer. J'allais enfin pouvoir souffler et trouver la force de me battre pour récupérer la garde exclusive de ma fille, mon objectif ultime. Certes, elle était entre de bonnes mains, mais cette situation ne devait pas s'éterniser. Je savais que Farid ne quitterait pas Djerba pour M'saken ; cela jouerait en ma faveur, j'obtiendrais plus facilement la garde d'Emira.

Durant un temps, j'envisageai de louer un logement à Tunis avec Mohamed. Je ne serais alors plus qu'à cent kilomètres d'Emira, ce qui me permettrait de la voir plus souvent. Malheureusement, la vie étant trop chère dans la capitale, ce fut finalement Mohamed qui décida de regagner Djerba, où nous comptions à terme nous installer avec Emira. Je demandai à mon propriétaire s'il acceptait que Mohamed me rende visite. En tant que couple non marié, nous ne pouvions pas nous voir dès que l'envie nous en prenait, et cela n'était pas sans risque non plus pour mon propriétaire. Il me répondit qu'il fermerait les yeux. Les Tunisiennes qui accueillaient leur amant chez elles avaient non seulement une réputation de femmes de mauvaise vie, mais s'exposaient aussi à des poursuites. Elles étaient néanmoins libérées rapidement, à condition toutefois de payer une amende. Quant aux touristes, considérées de toute façon comme des femmes aux mœurs légères, elles n'étaient que rarement inquiétées. Me traiterait-on en touriste ? Non, je vivais en Tunisie depuis trop longtemps, et Farid avait le bras long.

Après que Mohamed m'eut retrouvée à Djerba, la police le convoqua à plusieurs reprises afin de l'interroger sur la nature de nos relations. Heureusement, il fut entendu par des personnes bien disposées et échappa à la prison. Il nia fermement toute relation intime avec moi, affirmant que nous étions amis, rien de plus. Mais cela non plus ne semblait pas toléré. Mohamed précisa alors que « l'étrangère » que j'étais avait parfois du mal à comprendre le mode de vie tunisien. Il m'aidait parce qu'il avait à cœur de présenter son merveilleux pays sous le meilleur jour possible.

— Vous essayez de me faire croire que vous êtes une sorte d'ambassadeur ? lui demanda le chef de la police.

— Je n'ai pas cette prétention, mais j'en serais très honoré.

Mohamed avait un don pour parler peu, mais bien. Personne ne le crut, mais il repartit libre – jusqu'à la convocation suivante.

— Si l'ex-mari de votre prétendue amie était un citoyen ordinaire, nous fermerions les yeux sur votre conduite. Mais, comme il s'agit d'un médecin réputé, vous vous rendez coupable d'un grave délit.

Bien sûr, cette audition ne fut retranscrite dans aucun procès-verbal. Ce jour-là, Mohamed reçut même des coups.

Lorsqu'il me raconta tout cela bien plus tard, Mohamed me confia également que je lui plaisais depuis le début mais que jamais, même dans ses rêves les plus fous, il n'aurait cru me conquérir un jour. En effet, lors de notre rencontre, j'étais encore une femme mariée.

Un jour, désireuse d'officialiser ma relation avec Mohamed, je déclarai aux autorités que je souhaitais l'héberger. Comme mon propriétaire était un notaire connu et respecté, j'espérais que cela jouerait en ma faveur. J'avais vu juste : personne ne nous importuna.

Tandis que Mohamed travaillait comme maçon, je me consacrais à l'élaboration de mon projet professionnel, à savoir l'ouverture prochaine d'une salle de sport à Djerba. Cela me paraissait plus viable sur le long terme qu'un emploi dans le tourisme, secteur dans lequel, avec la crise, on préférait faire appel à des saisonniers. De plus, travailler pour un tour-opérateur impliquait de nombreux déplacements, et je risquais d'avoir plus de difficultés à récupérer la garde d'Emira. Je devais au contraire trouver une activité qui me permettrait de passer du temps avec ma fille. Gérer une salle de sport semblait idéal.

Je pris l'avion pour l'Allemagne, où je me fournis en tapis de sol, ballons d'exercice et autres équipements impossibles à trouver en Tunisie. Ma grand-mère me prêta de quoi démarrer mon affaire, qu'elle jugeait très prometteuse. En Allemagne, les salles de sport poussaient comme des champignons, et, comme souvent, ce qui rencontrait du succès en Europe mettait plus de temps à s'imposer de l'autre côté de la Méditerranée. À Djerba, il n'y avait aucune salle de sport comme je les aimais. Puisque je visais une clientèle aussi bien masculine que féminine, je décidai de miser sur deux tableaux : l'effort physique et la relaxation. J'achetai de grands miroirs, ainsi qu'une sono et un ordinateur. Mohamed se chargerait des tâches administratives. Une fois le local trouvé, plus rien ne semblait pouvoir nous arrêter. Je ne gagnerais peut-être pas beaucoup d'argent pour commencer, mais suffisamment pour prouver que j'étais en mesure de subvenir aux besoins de ma fille.

Le week-end précédant la signature du bail de location, je rendis visite à Emira. Mais, à mon arrivée, je reçus un coup au cœur. J'eus peine à la reconnaître, elle qui était d'habitude si vive, si épanouie ! Elle avait perdu beaucoup de poids, et sa chevelure était clairsemée par endroits. Je

l'observai avec attention. Elle semblait complètement changée. Qu'était devenue la fillette qui respirait la joie de vivre ? Moi qui croyais qu'elle se
plaisait à M'saken. Que s'était-il passé ?

Emira se déplaçait avec la raideur d'une marionnette et parlait à peine, on aurait dit un automate.
J'étais catastrophée de la voir dans cet état. Elle fréquentait l'école de M'saken depuis maintenant huit
mois et, visiblement, l'éducation extrêmement
stricte, voire militaire, qu'elle y recevait ne lui réussissait pas.

La poupée parlante que je lui avais rapportée
d'Allemagne ne lui rendit pas le sourire, sans doute
parce qu'elle savait qu'on ne tarderait pas à la lui
confisquer, comme le reste de ses jouets, plus déco-
ratifs qu'autre chose. Et, s'il arrivait parfois que des
enfants aient le droit d'en profiter, ce n'était pas à
ma fille que revenait cette chance, mais plutôt à ses
cousins et cousines. Dans la famille de Farid, les
poupées étaient réservées aux très jeunes enfants.
À six ans, quel besoin Emira avait-elle de jouer ?
Elle était désormais en âge d'aider les autres
femmes en cuisine, et tant pis pour son épanouissement personnel.

Elle aussi sentait bien que quelque chose n'allait
pas, mais étant trop petite pour l'exprimer claire-
ment, elle se contenta de chuchoter :

— S'il te plaît, maman, reste avec moi.

Puis elle insista pour que je passe la journée à
l'école avec elle. Il me suffit de rester trente
minutes dans la cour, le temps de la récréation,
pour constater le fossé entre les professeurs
d'Emira et les équipes pédagogiques que j'avais

connues dans mon enfance. Comme toutes les mères, je voulais que ma fille évolue dans un environnement qui lui permette de s'épanouir, de rire, d'avoir plaisir à apprendre, et non dans un établissement où l'on avait encore recours aux châtiments corporels. Je souffrais dans ma chair. Je devais à tout prix la sortir de là, et vite. Si cela avait été possible, Emira serait partie avec moi sur-le-champ. Pour l'instant, je pouvais seulement lui apporter un peu de réconfort.

— Tiens bon, ma chérie. Les vacances d'été ne vont pas tarder à arriver ! Tiens bon.

Ma courageuse petite fille hocha la tête et me laissa repartir sans verser une larme.

22

La confiscation du passeport

Mohamed et moi entreprîmes de grands travaux dans notre appartement afin d'accueillir Emira en bonne et due forme. Nous tenions à ce qu'elle sache combien nous étions heureux de la retrouver. Nous repeignîmes sa chambre dans des couleurs étincelantes, vert tilleul et rose. Mohamed y installa un petit mur d'escalade, et moi, un lit à baldaquin. Ici, elle se sentirait à l'aise et en sécurité.

J'eus cependant un étrange pressentiment en allant la chercher à M'saken. La famille de Farid la laisserait-elle repartir avec moi sans faire de difficultés ? J'avais pensé à apporter le document officiel certifiant qu'Emira devait passer les vacances avec moi. Sur la route, le père de Farid me prévint par téléphone que ma fille m'attendait au commissariat.

— Y a-t-il une raison particulière ? demandai-je.

— C'est comme ça, rétorqua-t-il.

Alors que je me dirigeais à pas lents vers le commissariat, j'avais le cœur qui battait à vive allure. Mais j'étais bien décidée à ne pas pleurer et à affronter cette épreuve avec sang-froid. Ensuite, de belles vacances nous attendaient, Emira et moi.

Lorsque je me présentai à l'accueil, je crus que mes jambes allaient se dérober sous moi.

— Emira !

Ma fille s'élança à ma rencontre. J'entendis le père de Farid grommeler quelques mots, ce qui ne m'empêcha pas de le saluer poliment, ainsi que les policiers présents. Quant à Emira, elle se cramponna si fort à moi qu'elle faillit m'arracher le bras.

— Avez-vous le passeport allemand de votre fille ? demanda l'un des policiers.

Je hochai la tête.

— Puis-je le voir ?

Sans me méfier, je sortis le passeport d'Emira. L'homme l'observa attentivement, avant de le refermer et de le poser sur une étagère, à côté d'autres documents officiels.

— Que faites-vous ?

— Nous le gardons jusqu'au retour de votre fille. Vous le récupérerez une fois qu'elle sera rentrée chez ses grands-parents.

— C'est autorisé ? Vous en avez le droit ?

Le policier haussa les épaules et tourna les talons. Plus tard, je regrettai de ne pas avoir insisté, mais cela n'aurait peut-être pas changé grand-chose. Que pouvais-je faire ? Il s'agissait là d'une décision arbitraire ; comment moi, une femme, pouvais-je espérer avoir gain de cause face à un policier tunisien ? Et puis je voulais éviter tout esclandre devant Emira. Je ne redoutais qu'une chose : que l'on nous empêche de passer les vacances ensemble. Pour l'instant, j'étais soulagée, car personne ne semblait nous mettre de bâtons dans les roues.

Cependant, je n'allais pas tarder à apprendre qu'un obstacle quasi infranchissable se trouvait désormais en travers de ma route. Je ne parviendrais en effet jamais à récupérer le passeport d'Emira. Il était la propriété de la République fédérale d'Allemagne, comme le précisait la couverture. L'État tunisien venait donc de subtiliser un document officiel à l'État allemand. Personne n'a le droit de confisquer ainsi un passeport, c'est un geste allant à l'encontre des droits les plus élémentaires. Mais je ne le sus que plus tard, lorsque je téléphonai à l'ambassade d'Allemagne pour signaler l'incident. On m'assura alors qu'une note verbale serait envoyée au ministère de l'Intérieur afin de réclamer la restitution du précieux document. Hélas, par la suite, je n'eus plus aucune nouvelle.

Mais nous n'y étions pas encore. Pour le moment, Emira et moi comptions bien savourer chaque seconde de nos vacances.

J'étais enchantée de rentrer à Djerba avec Emira. En chemin, je la serrais sans cesse dans mes bras, comme pour m'assurer qu'elle était bel et bien à mes côtés. Soudain, le ciel s'assombrit et un orage éclata. Avec cette pluie qui venait mettre fin à une longue période de sécheresse, nos trois mois et demi de vacances pouvaient difficilement mieux commencer ! J'arrêtai la voiture.

— Viens, Emira ! Descends.
— Mais il pleut, maman.
— Justement, viens danser avec moi !
— Je vais être trempée !

— On s'en fiche, Emira !

Je ne souhaitais qu'une chose : qu'elle redevienne la fillette joyeuse qu'elle avait toujours été. Qu'elle se rende compte que le monde ne se réduisait pas à M'saken, ses murs gris et ses espaces confinés.

Après avoir dansé sous la pluie, Emira et moi allâmes satisfaire un besoin pressant sur le bas-côté. Il n'y avait rien de plus *haram*, surtout pour deux femmes.

Notre rêve, à Mohamed et moi, d'offrir de belles vacances à Emira était en passe de devenir réalité. L'été tout entier fut placé sous le signe de la joie et de la bonne humeur. De jour en jour, ma fille semblait renaître. Elle s'affranchissait de l'atmosphère pesante qui régnait à M'saken, retrouvait le sourire, paraissait plus gaie et reprenait du poids. Le doute n'était plus permis : les parents de Farid ne s'occupaient pas bien d'elle. Son quotidien était même marqué par de bien étranges rituels. Un jour, par exemple, je l'entendis tenir de drôles de propos alors qu'elle se dirigeait vers les toilettes.

— Qu'est-ce que tu racontes ?

— En allant aux toilettes, il faut dire : « *Allah huma ini aoudu mine el krupsi oulchawelli* », puis « *Ruferanek* » en ressortant.

— C'est-à-dire ?

— « Merci, Dieu, de m'avoir permis de faire pipi. » Il faut aussi penser à entrer du pied gauche et sortir du pied droit, sinon le diable apparaît.

À présent, le diable occupait une place importante dans la vie d'Emira, et cela me déplaisait. J'essayai de lui expliquer que le diable n'était pas omniprésent et, heureusement, elle comprit très vite. Elle se montra même soulagée et reconnaissante. Mais c'était pour moi la preuve que la vie à M'saken ne lui convenait pas. Elle tenait vraiment de moi, comme j'avais pu le constater lors de son passage au jardin d'enfants Steiner-Waldorf. Cette période lui avait été particulièrement bénéfique, car elle avait pu s'épanouir et s'affirmer. En aucun cas elle ne devait régresser. Malheureusement, elle évoluait désormais dans un cadre bien différent.

De toutes les anecdotes qu'Emira me relata sur la vie chez ses grands-parents, l'une me marqua plus particulièrement. Il s'agissait de l'histoire que sa grand-mère lui racontait au coucher, alors que ma fille n'avait que cinq ans.

À ta mort, tu verras apparaître trois anges. L'un te demandera : « À quel Livre obéis-tu ? », et tu devras répondre : « Au Coran. » Sinon, un monstre dépourvu d'yeux et d'oreilles viendra te frapper avec un marteau gigantesque. Allah te guérira, mais le monstre recommencera une deuxième fois, puis une troisième. Ensuite, le deuxième ange te demandera : « Qui est ton prophète ? », et tu devras répondre : « Mahomet. » Sinon, tu seras frappée une quatrième fois. Enfin, le dernier ange te demandera : « En quel Dieu crois-tu ? », et tu devras répondre : « En Allah. » Sinon, le géant s'acharnera sur toi jusqu'à ce que tu aies la tête réduite en bouillie. Ton salut dépend d'Allah. Allah akbar. *Dieu est grand.*

J'expliquai à Emira que les anges n'étaient pas là pour faire le mal.

— Grand-mère ment, alors ? demanda Emira.

— Non, prétendis-je dans un souci de diplomatie. Elle te raconte ça parce qu'elle voudrait que
tu croies en Dieu.

— Je suis bien obligée, je ne veux surtout pas
que le monstre vienne me frapper. Grand-mère
m'a dit que je souffrirais beaucoup !

Emira écarquilla les yeux et brandit un index
moralisateur.

— Beaucoup, beaucoup !

Je dus lutter pour ne pas sourire devant cette
imitation saisissante. Emira était une comédienne-
née.

— Il ne faut pas croire tout ce que racontent les
grands à M'saken. Ils cherchent juste à t'effrayer.

— Mais pourquoi ?

— Pour que tu leur obéisses.

— Mais, maman, les enfants sont persuadés que
c'est vrai.

— Je sais. Certains adultes aussi, peut-être.

— Et nous, on croit en quoi ?

— Notre Dieu est différent, il ne laisserait
jamais un enfant se faire défoncer le crâne.

J'ajoutai en silence : « En revanche, Il a laissé Son
fils monter sur la croix. »

Emira et Mohamed s'entendaient à merveille.
Seule ombre au tableau : l'absence d'Elsa, qui avait
été subtilisée au cousin de Mohamed lorsque nous
avions dû prendre la fuite. Les chiens de race étant
très rares en Tunisie, nous espérions que ses nouveaux maîtres la choyaient.

Toute à ma joie de retrouver ma fille, je ne pris
pas le temps de m'occuper de mon projet

professionnel et repoussai l'ouverture de la salle de sport au mois d'octobre. De toute façon, il faisait bien trop chaud en été. Les quarante degrés que nous connaissions en journée n'incitaient guère à la pratique d'une activité physique.

En attendant, il fallait bien que je trouve une source de revenus. Sachant qu'en Tunisie la majorité des femmes divorcées touchaient une pension alimentaire de la part de leur ex-mari, je rencontrai à plusieurs reprises mon avocat afin de connaître la marche à suivre. Ma demande de huit cents dinars, environ cinq cents euros, fut revue à la baisse par l'avocat de Farid, qui m'en proposa trois cents. Or, mon loyer coûtait à lui seul deux cents dinars, ce qui ne me laisserait plus que cent dinars par mois pour vivre.

À cette époque, Farid s'était lancé dans la construction de plusieurs maisons et avait même acheté une nouvelle voiture. Pourtant, il m'informa, toujours par l'intermédiaire de son avocat, qu'il ne me verserait finalement que deux cents dinars, sous prétexte que, avec l'arrivée de l'hiver et la baisse de la fréquentation touristique, lui-même connaîtrait bientôt des fins de mois difficiles. De plus, comme ses versements se faisaient souvent attendre, je devais multiplier les rendez-vous au tribunal afin de déposer une réclamation. En Tunisie, quiconque essayait de se soustraire au versement de la pension alimentaire risquait la prison. Farid, lui, attendait toujours la dernière minute. Il espérait ainsi m'avoir à l'usure, mais son attitude était mal vue.

Peu avant la fin des grandes vacances, je pris mon courage à deux mains et demandai à voir le juge.

— Je crois qu'Emira ne se sent pas bien, dans la famille de mon ex-mari. Elle se plaît beaucoup à Djerba et insiste pour rester vivre avec moi. Cela est-il possible ?

— Une fois les vacances terminées, ne reconduisez pas votre fille là-bas.

— Vraiment ? Mais, ensuite, que va-t-il se passer ?

— Si votre fille refuse de rentrer à M'saken, personne ne peut l'y forcer. Cependant, elle doit impérativement aller à l'école, ce qui signifie que vous devrez trouver un établissement non loin de votre domicile. Aucune dérogation ne sera accordée.

— Merci, murmurai-je, le souffle coupé.

Emira me suppliait depuis plusieurs jours de ne pas la reconduire chez ses grands-parents. Elle avait constamment besoin d'être rassurée et dépérissait à mesure que la date fatidique approchait. J'en avais le cœur brisé. Mais, maintenant que le juge m'avait assuré que rien ne l'obligeait à rentrer à M'saken, la situation changeait du tout au tout. J'en informai Emira et lui proposai de rester vivre avec moi.

— Pour de vrai, maman ? J'ai le droit ?

— Oui, répondis-je, le sourire jusqu'aux oreilles.

Emira, folle de joie, me serra tellement fort dans ses bras que je crus étouffer.

Le lendemain, nous allâmes visiter l'école du quartier. Voyant qu'Emira s'y plaisait, je l'y inscris d'emblée. Il n'y avait aucun problème, puisque le juge m'avait donné son feu vert. Du moins, je le croyais.

Emira fréquentait sa nouvelle école depuis trois jours lorsque je reçus un appel de Farid.

— Où est Emira ?

— Avec moi.

— Mes parents auraient dû la récupérer depuis longtemps.

— Elle n'a pas voulu rentrer à M'saken.

— Je m'en fiche, de son avis. C'est moi qui ai le droit de garde.

— Si, son avis est important.

— Passe-la-moi.

— Elle est en train de jouer avec les enfants des voisins.

Deux heures plus tard, Farid, flanqué de deux policiers, frappa à ma porte et exigea que je lui rende sa fille.

— Emira veut rester ici ! expliquai-je à nouveau. Tout se passe très bien. Toi, tu ne t'occuperais pas d'elle, tu te contenterais de la déposer chez tes parents. Tu n'as jamais le temps de rien. Tu ne t'es pas non plus rapproché de M'saken, contrairement à ce qu'avait statué le juge. S'il te plaît, laisse-la rester avec moi. Je suis sa mère, après tout !

Sur ce, l'un des policiers brandit un document officiel. Évidemment, je ne pus le déchiffrer, mais il devait s'agir d'une preuve que Farid était dans son bon droit.

— Un instant, je vous prie.

En entendant la voix de son père, Emira s'était recroquevillée dans un coin de sa chambre. Je la

pris par la main, sortis avec elle par la porte de derrière, traversai le jardin et frappai chez mon
propriétaire.

— Il faut que vous rendiez Emira à son père, me
dit le notaire. C'est la loi.

— Non ! Le juge m'a affirmé que la décision
revenait à l'enfant.

Il secoua la tête, impuissant, lui aussi, face à cette
injustice. Mais, comme il tenait à me réaffirmer son
soutien, il insista pour me raccompagner.

— La loi exige que vous rendiez Emira à son
père, répéta-t-il en présence des policiers.

— Non, c'est hors de question ! Je sais que rien
ne m'y oblige. Elle ne veut pas retourner là-bas,
elle a peur !

— Pas M'saken, pas M'saken, hurla Emira. Je
veux rester avec ma maman !

Elle répéta cette dernière phrase en arabe, puis
me lâcha la main et repartit se cacher dans un coin.

— Tu tiens à ce que ta fille soit malheureuse ?
criai-je à Farid.

À ces mots, il me saisit par le cou. Alors qu'il
m'étranglait, les policiers s'interposèrent et lui
dirent de se calmer. Mais avec une certaine nonchalance, comme s'ils raisonnaient un ami.

— Je n'ai plus rien à dire, conclus-je en refer-
mant la porte.

Après le départ de Farid, je me rendis à l'hôpital.
Là, je fus examinée, passai une radio et fis photo-
graphier mes hématomes. On me dit que je devrais
porter une minerve pendant quelque temps. Puis
j'allai au commissariat porter plainte contre mon
ex-mari. Ce ne serait pas la dernière fois. Mais

toutes ces mains courantes disparurent comme par enchantement, ainsi que tous les documents que j'avais pris soin de transmettre au juge. À croire que j'avais tout inventé. Farid, qui abusait de son statut de médecin pour se placer en position de force, avait sans doute des contacts haut placés au ministère de l'Intérieur. En tout cas, je savais qu'il se montrait particulièrement accommodant envers les personnes susceptibles de l'aider. Par le passé, il m'avait déjà menacée de faire jouer ses relations avec les Trabelsi, la belle-famille de Ben Ali. Cependant, après le Printemps arabe, Farid nia fermement les avoir côtoyés.

23

Nouvelle audience

Emira s'intégra très rapidement dans sa nouvelle école. Elle avait soif d'apprendre et se comportait à nouveau comme une fillette de six ans bien dans sa peau. Nous formions une famille unie, et rien ne pouvait me combler davantage. Mohamed travaillait comme maçon et profitait de son temps libre pour aller à la pêche, tandis que je m'occupais du foyer. Un jour, il rentra à la maison avec un nouveau compagnon, un chiot qu'il avait trouvé abandonné dans une poubelle. Il offrit cette petite boule de poils à Emira, qui la baptisa Lucy.

Nous vivions « dans le péché », certes, mais nous étions réunis. Nous nous considérions comme une vraie famille. Mohamed et moi ne pouvions officialiser notre relation, car si nous nous mariions, Farid obtiendrait la garde exclusive d'Emira, et ce, définitivement. Après nous avoir rendu visite à plusieurs reprises, le responsable de la protection de l'enfance rédigea un rapport qui confirmait le souhait d'Emira de vivre à plein temps chez sa mère. Ensuite, une nouvelle date d'audience fut fixée. J'avais bien saisi le fonctionnement de la justice tunisienne, aussi décidai-je d'engager un nouvel avocat et choisis délibéré-ment un parent du juge aux Affaires familiales de Djerba. Grâce à lui, je remportai une première vic-toire. Après une bataille judiciaire d'un an et demi, j'obtins, fin 2008, la garde d'Emira. Farid pourrait la voir le dimanche et les jours fériés, ainsi qu'une partie des vacances.

Les termes du droit de visite stipulaient que Farid devait venir chercher sa fille le matin et la rac-compagner le soir mais, bien sûr, il ne respecta pas ses engagements. Il essaya tout d'abord de me convaincre de la conduire moi-même à son domi-cile, puis prit l'habitude de passer prendre Emira à midi et de la ramener à minuit. Cela avait le don de m'énerver car, le lendemain matin, Emira n'arrivait pas à se lever pour aller à l'école.

De plus, alors qu'elle était censée passer du temps avec son père, celui-ci ne se gênait pas pour aller à l'hôtel et la confier au club enfants. Comme les activités qu'on y proposait plaisaient à Emira, je m'abstenais de tout commentaire. Mais, le jour où j'appris que Farid, non content de laisser sa fille à des inconnus, s'absentait et revenait pile à l'heure pour la ramener à la maison, je décidai d'aborder le sujet.

— C'était exceptionnel, j'avais une urgence.

— Rien ne t'oblige à passer tous les dimanches avec elle, si tu as trop de travail.

Si, Farid s'y sentait obligé. Non pas pour le bien-être de sa fille, mais pour le plaisir de m'énerver.

Emira évoquait souvent, à son retour, une femme prénommée Sandra. J'en conclus que Farid avait une nouvelle compagne. J'étais triste pour elle, car je savais depuis longtemps que mon ex-mari n'avait rien d'un homme fidèle. Par le passé, Mohamed m'avait dit que de nombreuses femmes défilaient à son cabinet, où s'étaient également suc-cédé huit secrétaires en un an.

Un soir, alors que Farid l'avait encore une fois ramenée à la maison très tard, je retrouvai une Emira surexcitée.

— Maman, papa a embrassé Sandra !

— J'ai du mal à le croire, répondis-je non sans ironie, ce serait *haram* !

— Mais je l'ai vu !

— Peut-être qu'il lui disait juste au revoir.

— Non, maman, il l'a vraiment embrassée. Sur la bouche ! Et très, trèèèès longtemps. Attends, je te montre.

Lorsqu'elle joignit le geste à la parole, je crus que j'allais étouffer de rire.

En tout cas, j'étais ravie, pensant que Farid se désintéresserait de son ancienne vie et cesserait de vouloir me nuire par tous les moyens. Une nou-velle femme dans la vie de Farid, je ne pouvais pas espérer mieux. Cela me donna le courage de me rendre chez lui, accompagné de mon propriétaire, afin de récupérer l'électroménager et les meubles qu'il avait jusque-là refusé de me rendre.

— Ces affaires sont à moi et l'ont toujours été, prétendit Farid.

Bien décidée à ne plus supporter son arrogance, je dressai la liste de tout ce que j'avais apporté d'Allemagne, factures à l'appui, et le juge, que je commençai à bien connaître, ordonna à Farid de me restituer mes biens. Ce dernier, sous le choc de cette première défaite, me reçut très poliment. Comme j'avais déjà pu le constater par le passé, plus je l'affrontais, plus je m'endurcissais et plus il me respectait. Peut-être aurais-je dû lui tenir tête dès le début de notre relation, au lieu d'être constamment à l'affût de ses moindres désirs et de m'employer à les satisfaire. Mais, aveuglée par mes sentiments et ma peur de le perdre, j'avais cru que l'amour et l'écoute suffiraient à triompher de nos difficultés, sans penser aux conséquences. J'avais voulu sauver notre couple, et ce à n'importe quel prix, sans jamais imaginer ce que cela impliquerait par la suite. Tout comme je n'avais jamais envisagé que Farid finirait un jour par me haïr, et moi par le mépriser.

Le jour où je retournai chez Farid afin de récupérer mes ustensiles de cuisine, il m'annonça qu'il allait se remarier.

— Avec Sandra ? demandai-je.

Il me regarda, bouche bée, avant de comprendre qu'Emira avait sans doute vendu la mèche.

— Non, avec une femme de M'saken.

— Ah bon ? Je croyais que toi et Sandra…

— Non, je veux une bonne épouse qui sache cuisiner et tenir un foyer.

— Toutes mes félicitations, en tout cas.

— C'est ma mère qui l'a choisie, poursuivit Farid, curieusement loquace.

— Tout est pour le mieux, alors.

Il hocha la tête.

Oui, tout était pour le mieux. La mère de Farid avait rencontré Nazima au hammam, un lieu propice aux mariages arrangés dans les pays arabes.

Dans cette sorte de foire, les mères à la recherche d'une épouse pour leur fils menaient une véritable enquête, mais toujours en sous-vêtements. Il ne fallait pas que le diable vienne se moquer !

Un jour, le commissariat de M'saken me prévint par téléphone que je pouvais venir récupérer le passeport d'Emira. Je partis le cœur léger, malgré la longue route qui m'attendait. À mon arrivée, un policier me tendit le précieux document. Mais, alors que je m'apprêtais à le saisir, il retira son bras et s'amusa à agiter le passeport en ricanant.

— Croyez-vous vraiment que je vais vous le rendre ? En quoi va-t-il vous servir, hein ?

Faute de savoir que répondre, je me contentai de hausser les épaules.

— Je le sais, moi, ajouta-t-il. Vous comptez quitter le pays.

De sa main droite, il imita un avion qui décollait.

— Non, puisque j'habite en Tunisie. Toute ma vie est ici.

— Ben voyons.

— Et puis vous êtes bien placé pour savoir que ce document ne suffit pas, que je ne peux pas sortir du territoire avec ma fille sans l'autorisation de son père.

— Nous allons garder le passeport, c'est plus sûr. Qui sait de quoi vous êtes capable ?

— J'aimerais parler à votre supérieur.

Ce dernier passa un appel, puis m'annonça que la restitution du passeport avait été bloquée à la dernière minute par le tribunal de Sousse.

— Je dois l'envoyer au ministère de l'Intérieur. Désormais, c'est là-bas qu'il faudra vous adresser.

Je sortis du commissariat tellement furieuse que je tremblais de la tête aux pieds. Je venais de parcourir un millier de kilomètres pour rien ! Et autant m'épargner le trajet jusqu'au ministère de l'Intérieur. Le pays tout entier savait que les fonctionnaires en poste là-bas étaient corrompus.

24

Des bienfaits des amandes et du miel

Farid et Nazima se marièrent en 2009. Quand Emira voyait son père le dimanche, ou plutôt, quand Farid la laissait aux bons soins de sa femme, celle-ci lui couvrait les cheveux avant de sortir. Nazima, qui respectait à la lettre les cinq piliers de l'islam, comptait bien profiter des nombreux dimanches passés en compagnie de sa belle-fille pour en faire une parfaite musulmane. En rattrapant les erreurs de Farid, qui, d'après elle, ne s'était pas assez préoccupé de l'éducation religieuse de sa fille, Nazima entendait prouver qu'elle était une bonne épouse. Cependant, une fois Emira rentrée à la maison, je m'employais à détruire tout ce que Nazima avait construit.

Mohamed ne gagnait pas beaucoup d'argent, du moins pas assez pour subvenir à nos besoins, mais cela m'importait peu. Je savais pertinemment que l'argent ne faisait pas le bonheur, pire, qu'il rendait parfois les gens mauvais, comme j'avais pu le constater avec Farid. L'argent occupait une place particulière en Tunisie, où l'omniprésence de la corruption avait des répercussions désastreuses sur le bon fonctionnement de la société. Par exemple, j'étais censée réclamer le passeport d'Emira au ministère de l'Intérieur mais, si je m'y présentais sans un généreux pot-de-vin, on me rirait au nez. Pis, on m'humilierait, et je n'étais plus en état de le supporter.

Mohamed me comblait, et heureusement, car la vie en Tunisie commença soudain à me stresser énormément. J'en avais assez, j'étais épuisée de devoir me battre en permanence pour tout et n'importe quoi. Rien n'était jamais simple, bien au contraire.

De plus, au contact des amis de Mohamed, j'appréhendais le pays et les difficultés auquel il était confronté sous un jour nouveau. Le chômage frappait de plein fouet les jeunes, qu'ils soient ouvriers ou jeunes diplômés. Frustrés de ne pas trouver de travail, ils passaient leurs journées à errer dans les rues, non pas par fainéantise, mais parce que personne ne semblait avoir besoin d'eux. Un vrai gâchis.

Très vite, j'eus une vision pessimiste de la situation. Partout, les Tunisiens peinaient à joindre les deux bouts, même les jeunes couples où mari et femme travaillaient ne savaient pas comment ils allaient payer le loyer, l'électricité et la nourriture. Certains renonçaient même à fonder une famille, faute de moyens.

En comparaison, Mohamed et moi ne vivions pas dans la précarité. Nous nous en sortions même relativement bien, ce qui ne nous empêchait pas de nous préoccuper du sort de nos semblables. Nous n'étions pas très dépensiers, et quand nous rendions visite à la famille ou aux amis de Mohamed, nous apportions de la viande ainsi que d'autres aliments plus difficiles à trouver, comme des crevettes ou des calamars.

J'étais également révoltée par les contrôles routiers incessants auxquels étaient soumis les taxis collectifs, un moyen de locomotion très emprunté par les personnes issues des classes défavorisées. Celles-ci n'avaient pas droit aux mêmes égards que les riches, elles étaient constamment rabaissées, intimidées, et devaient sans arrêt se justifier. *D'où tu viens ? Où tu vas ? C'est quoi, ça, dans ton sac ? Allez, ouvre. Ne bouge plus. Assieds-toi là et attends.*

Toutes ces injustices alimentaient un sentiment de peur et d'oppression qui, à mon tour, m'empoisonnait l'existence, de même pour Emira. Échaudées par nos expériences passées, nous avions toutes deux en horreur les abus de pouvoir et la lenteur de l'administration. Nous avions l'impression d'étouffer. La Tunisie de mes rêves avait disparu sous les mésaventures que je subissais au quotidien, maintenant que je n'étais plus épouse de médecin mais une citoyenne lambda.

Sans doute n'aurais-je pas dû y accorder autant d'importance, mais j'étais à nouveau enceinte, donc extrêmement sensible. Lorsqu'il sut que j'attendais un garçon, Mohamed exulta. Et, quand le poids de naissance du bébé fut estimé à quatre kilos, Mohamed affirma que cela était dû à sa grande consommation d'amandes et de miel.

Je ne m'imaginais pas accoucher en Tunisie, où les maisons de naissance étaient quasi inexistantes. Triste spectacle que toutes ces femmes qui, manquant de confiance en elles, préféraient s'en remettre entièrement aux médecins. En Europe non plus, cela n'avait rien d'inhabituel, mais, au moins, on incitait les femmes à écouter leur corps. Et même les hôpitaux les plus impersonnels d'Allemagne faisaient figure de nids douillets, comparés aux cliniques tunisiennes.

Alors que j'étais enceinte de cinq mois, je décidai de rentrer en Allemagne pour y trouver un logement. La chaleur rendit cependant ce court séjour exténuant. Je comptais accoucher là-bas et accueillir ensuite Emira. Tant que Mohamed et moi vivions heureux en Tunisie, je n'en avais pas eu l'intention, mais après les événements qui avaient secoué le pays lors des dernières semaines et des derniers mois, je me voyais de moins en moins rester là-bas. Nous sentions que la situation n'allait pas tarder à dégénérer. La tension entre la population et les instances dirigeantes montait chaque jour un peu plus. Les plus démunis ne tarderaient pas à faire entendre leur voix. Fallait-il s'attendre à un soulèvement ? À un coup d'État de l'armée ? Malgré le sacrifice qu'impliquait une telle décision, je ne pouvais pas me permettre de rester les bras croisés à espérer que tout rentre dans l'ordre.

J'avais le cœur brisé à l'idée de m'éloigner ainsi d'Emira pour plusieurs semaines, mais je tâchais de faire bonne figure afin de ne pas la perturber. En me montrant forte et sereine, j'espérais lui donner assez de courage pour supporter la séparation. La quitter était d'autant plus difficile que je devais la reconduire à M'saken. Si je confiais ma fille à

Mohamed, à coup sûr, Farid en profiterait pour réclamer sa garde.

Comme j'approchais de la quarantaine, la grossesse ne se déroula pas sans heurts. Après deux mois passés en Allemagne à tout planifier en vue de l'accouchement, je regagnai la Tunisie. Hélas, contrairement à ce que j'espérais, je n'eus guère le temps de me reposer, car les autorités se rappelèrent à mon bon souvenir.

D'après la réglementation en vigueur, les véhicules étrangers ne pouvaient rester plus d'un an sur le territoire. J'aurais donc dû rentrer en Allemagne et y laisser ma voiture durant six mois, avant d'avoir à nouveau le droit de la conduire en Tunisie. Faute d'avoir été rappelée à l'ordre, je n'en avais pas tenu compte. Jusqu'au jour où un douanier vint frapper à ma porte. Farid m'avait dénoncée, c'était certain. Mon véhicule me fut confisqué pour une durée de six mois, alors que je comptais justement regagner l'Allemagne par la route. J'avais également prévu de consacrer ces dernières semaines à trouver le moyen de partir avec Emira, et voilà que ce problème de voiture venait s'ajouter à la longue liste des choses à régler avant le départ. Le temps me filait entre les doigts, je grossissais à vue d'œil, j'avais de plus en plus de mal à me mouvoir, bref, notre départ pour l'Allemagne ne s'annonçait pas sous les meilleurs auspices. Heureusement que, là-bas, tout était prêt. J'avais trouvé un appartement à Velbert, non loin de chez ma grand-mère.

Mohamed et moi retournions la situation dans tous les sens, jour et nuit. Comment

parviendrions-nous à partir tous ensemble en Allemagne, lui, Emira, l'enfant à naître et moi ?

Il fallait se rendre à l'évidence : nous n'étions pas
au bout de nos peines. Personne ne pouvait nous
dire si le passeport d'Emira se trouvait toujours à
M'saken ou si la police l'avait effectivement envoyé
au ministère de l'Intérieur. En Tunisie, la confisca-
tion de papiers d'identité n'avait rien d'exceptionnel, les autorités y recouraient souvent afin
d'intimider les gens. Et comment franchir la
douane avec Emira, alors que, même seule, je ne
manquais jamais d'attirer l'attention lors du
contrôle des passeports ? Chaque fois que le douanier scannait mes papiers, un voyant rouge s'allumait. C'était systématique. On me demandait de
patienter, puis on m'isolait. Cet excès de zèle
m'avait valu plusieurs fois de rater mon vol.

J'en avais assez, j'endurais ces humiliations
depuis trop longtemps. Je ne supportais plus de
voir les autres passagers s'éloigner, se livrer à des
messes basses, et me dévisager comme si j'étais un
terroriste. Après une attente interminable, un
douanier contactait Tunis afin d'obtenir l'autorisation de me laisser passer. On me traitait en criminelle, j'étais soumise au bon vouloir des autorités
pour la bonne et simple raison qu'un jour Farid
m'avait signalée à la police, sous prétexte que je
cherchais à kidnapper sa fille. Depuis, j'étais fichée,
et mon passeport, bloqué. À chacun de mes
voyages, les contrôles étaient plus rigoureux. Il
était donc impensable que je sorte du pays avec
Emira sans que l'on me demande l'autorisation
écrite de son père.

Au début, Mohamed exprima quelques réticences à me suivre en Allemagne, car il ne se voyait pas repartir de zéro dans un pays étranger, loin de sa famille. Mais lui aussi finit par ne plus supporter la tension régnant en Tunisie et accepta. Étant le père de mon enfant à naître, il obtiendrait un visa relativement facilement. Nous n'avions qu'à fournir à l'ambassade d'Allemagne un certificat médical ainsi qu'une reconnaissance anticipée de paternité.

Mais, même une fois ces démarches effectuées, Mohamed continuait à douter. Comme il était angoissé par le fait de ne pas parler allemand, il n'attendit pas de quitter la Tunisie pour commencer à prendre des cours intensifs. Comme la plupart des Tunisiens, il était doué pour les langues et progressa rapidement. Les dernières semaines précédant l'accouchement furent extrêmement éprouvantes pour nous deux. Je m'apprêtais à partir seule pour l'Allemagne afin d'y mettre notre enfant au monde, tandis que Mohamed attendait son visa. Le délai d'obtention variait selon les sources. Si Mohamed et moi avions décidé de nous marier, cela nous aurait grandement facilité la tâche, mais la garde d'Emira serait automatiquement revenue à Farid.

À ce moment-là, mon avocat me fit une suggestion.

— Et si nous demandions une autorisation temporaire de sortie de territoire pour Emira, le temps des vacances ? Cela est possible avec un passeport tunisien.

J'entrepris les formalités nécessaires. Vingt-quatre heures plus tard, miracle : j'obtins un passeport tunisien au nom d'Emira. Fallait-il y voir un signe ? Parviendrais-je à quitter la Tunisie avec Emira en toute légalité ?

Je dus produire devant le tribunal non seulement le passeport d'Emira, mais également ses billets d'avion, aller et retour. Hélas, le juge qui me reçut ce jour-là était originaire de la même ville que Farid et connaissait parfaitement notre histoire. La demande d'autorisation de sortie de territoire fut donc rejetée.

Je m'inquiétais beaucoup pour Emira, qui était désespérée.

— Maman, je t'en prie, je ne veux pas retourner à M'saken !

— Mais, ma chérie, tu ne peux pas partir avec moi.

— Maman, s'il te plaît, pas M'saken !

Voir ma fille dans cet état me brisa le cœur. Je ne pouvais pas lui venir en aide ni même rester à ses côtés. Une mère et sa fille n'avaient pas à être séparées ! Peut-être valait-il mieux que j'accouche en Tunisie. Certes, mais ensuite ?

Je décidai finalement de tenter le tout pour le tout et de me présenter avec elle à l'aéroport. Mais, dès l'enregistrement des bagages, je sentis mon courage m'abandonner. Je déployai tout de même des trésors de persuasion auprès de l'employée de la compagnie aérienne, je lui montrai même l'acte de divorce où figuraient les dispositions concernant la garde d'Emira ainsi que son certificat de naissance, qui stipulait que j'étais bien sa mère, mais sans succès. Une fois encore, il manquait l'autorisation écrite de son père. Quel imbroglio ! Un enfant possédant un passeport tunisien ne pouvait pas sortir du territoire sans ce document, tout comme un enfant ayant un passeport allemand et une mère allemande, mais mariée à un Tunisien. Seule une Allemande divorcée d'un Tunisien pouvait quitter le pays avec son enfant, à condition que celui-ci soit titulaire d'un passeport allemand.

— Mais, enfin, Emira est allemande !

— Et où est son passeport allemand ?

— Au ministère de l'Intérieur.

— Alors montrez-nous l'attestation de son père.

Ce dialogue de sourds s'éternisa, si bien que l'avion décolla sans nous.

Bloquées au comptoir d'enregistrement, Emira et moi fondîmes en larmes. J'essayai de lui expliquer la situation, mais comment trouver les mots ? Elle n'avait que sept ans ! Ma fille était bien consciente que j'allais devoir rentrer seule en Allemagne. Et sans tarder, car on ne m'accepterait plus à bord dès le lendemain, comme le stipulait le règlement de la compagnie aérienne. J'avais dû produire un certificat médical mentionnant la date prévue d'accouchement. Soit je prenais l'avion qui décollait dans deux heures, soit je reportais mon départ après la naissance.

J'appelai Farid et lui demandai de venir chercher Emira.

— Il faut que je rentre en Allemagne pour mettre mon enfant au monde. Si je ne pars pas aujourd'hui, je ne pourrai plus prendre l'avion avant plusieurs semaines, le temps que j'accouche.

— Il y a d'excellents obstétriciens en Tunisie, rétorqua Farid avant de me raccrocher au nez.

Comme si j'en avais les moyens. Comme si c'était le seul problème.

J'avais tenté un coup de poker et j'avais perdu. J'étais démunie, au beau milieu d'un aéroport, avec un ventre énorme et une fillette en pleurs. D'un côté, hors de question de confier Emira à Mohamed, cela aurait été pain bénit pour Farid. De l'autre, le dernier avion n'allait pas tarder à décoller. Je n'avais plus qu'une solution : rallier Tunis puis Gênes en bateau.

Le prochain ferry partait dans trois jours. Trois jours précieux à passer avec ma fille. Je louai une voiture afin de rejoindre Tunis, et Mohamed m'accompagna. En chemin, nous déposâmes Emira à M'saken. Nous n'avions guère le choix, elle ne pourrait pas embarquer sur le bateau, Farid avait refusé de venir la chercher à l'aéroport, et impossible de la confier à Mohamed. Emira pleura durant tout le trajet. Pourtant, cette fois, elle vivrait non pas chez ses grands-parents, mais chez la sœur de Farid. L'atmosphère y serait sans doute moins pesante.

Malheureusement, son séjour là-bas se passa mal. Très mal. Et il dura quatre mois. Depuis l'Allemagne, je ne pouvais rien pour ma fille. Ce fut un déchirement, une épreuve terrible pour nous tous.

Je passais des heures entières à maudire Farid. Je n'avais jamais cherché à lui nuire, bien au contraire.

J'avais tenté de le rendre heureux pendant des années. Pourquoi s'acharnait-il ainsi sur moi, pire, sur notre fille, dont il ne s'occupait jamais ? S'il s'était toujours comporté en père exemplaire, j'aurais peut-être essayé de comprendre. Or, il ne s'intéressait pas vraiment à Emira. Il cherchait surtout à l'éloigner de moi par tous les moyens. Mais, encore une fois, pour quelle raison ? Pourquoi refusait-il de me laisser tranquille ? Je ne lui demandais rien de plus.

Même si je voyageais seule, au moment d'embarquer sur le ferry, les douaniers me soumirent à un contrôle drastique. Je commençai à paniquer, je crus qu'ils ne m'autoriseraient jamais à embarquer. Et j'avais beau être à un stade très avancé de ma grossesse, on me traita sans aucun ménagement. Comme je m'y attendais, le voyant rouge s'alluma lors du scan du passeport. Aucun des employés ne se montra gentil, ni même courtois. C'en était bel et bien terminé de mon rêve tunisien.

À cause du stress, je commençai à sentir des contractions légères, mais régulières, et priai pour que mon enfant ne décide pas de venir au monde en pleine mer. Heureusement, la chance était de mon côté, car je partageai ma cabine avec deux sages-femmes tunisiennes travaillant en Italie. Leur présence me rassura. Deuxième coup de pouce du destin : un vieux monsieur que je connaissais de vue proposa de me conduire à Kassel, non loin de Velbert. Une fois là-bas, il ne me restait plus qu'à patienter jusqu'à l'accouchement.

25

Frère et sœur

Alors que nous ne souhaitions qu'une chose, être réunis, chacun de nous se retrouvait isolé : Emira à M'saken, Mohamed à Djerba et moi en Allemagne. Nous avions beau nous soutenir les uns les autres par la pensée, la séparation fut difficile à supporter.

Je m'inquiétais particulièrement pour Emira, que je savais traitée avec sévérité à M'saken. Au cours de notre dernier trajet en voiture, juste avant mon départ, je n'avais cessé de la rassurer, lui répétant qu'elle était forte, qu'elle tiendrait le coup. Je la savais capable de surmonter cette épreuve. Nous nous téléphonions tous les dimanches, et je l'encourageais dès que je la sentais fléchir.

— Tiens le coup, Emira ! Les retrouvailles sont pour bientôt !

Nous communiquions également via Facebook. D'un côté, j'étais ravie que le progrès technologique nous permette de mieux supporter la distance, de l'autre, je me disais que nous marchions sur la tête. Le bébé serait dans l'incapacité de voir, sentir, toucher, écouter son père et sa sœur, qui ne le verraient qu'en photo. Heureusement, mon fils ne s'en préoccuperait guère, au début, du moment qu'il était avec sa mère et avait du lait à téter. Mais, pour Mohamed et Emira, ravis d'avoir un fils et un petit frère, c'était triste. Très triste.

À chaque examen prénatal, on souligna que j'allais donner naissance à un gros bébé. En effet, l'accouchement, même s'il se déroula sans aucune complication, dura très longtemps. Ensuite, je restai une semaine à l'hôpital, le temps de me reposer. Je reçus de nombreuses visites et, dans ma famille, tout le monde s'extasia devant Elias, qui ressemblait trait pour trait à Mohamed.

À ma sortie, je passai beaucoup de temps avec Johanna, ma sœur, qui se révéla très vite une assistante maternelle hors pair. Ensemble, nous vécûmes des moments intenses et merveilleux.

Elle m'assista également dans mes démarches auprès du bureau de l'immigration, afin que Mohamed puisse nous rejoindre au plus vite. Son soutien me fut d'autant plus précieux que l'accouchement m'avait épuisée. Et cela me laissa le temps de découvrir la personnalité d'Elias, qui savait déjà donner de la voix pour obtenir ce qu'il voulait. À manger ! Encore !

Je crus que Mohamed n'arriverait jamais. Mais tout finit par s'accélérer, et nous allâmes le chercher à l'aéroport début décembre, soit cinq semaines après la naissance d'Elias. Mohamed était fou de joie. Même s'il avait hâte de voir son fils, il pensa à m'embrasser avant de le prendre dans ses bras.

— Coucou, toi !

Il avait les larmes aux yeux.

En plus d'endosser un nouveau rôle, celui de père, Mohamed dut s'adapter à sa nouvelle vie. Le pays, les habitudes, le climat, plus rigoureux, la langue, la cuisine, dont le fameux chou rouge et le ragoût de bœuf, tout était différent. Il me rappelait parfois ma propre arrivée en Tunisie, plusieurs années auparavant. Mais Mohamed appréhendait les choses autrement. J'avais le goût de l'aventure, je vivais au jour le jour, je me laissais porter par les événements et je m'adaptais en conséquence. Mohamed, lui, n'aimait pas l'imprévu. Pour plaisanter, un ami me dit un jour que Mohamed vivait vraiment à l'allemande, peut-être plus que moi. Ce n'était pas faux !

Son caractère prévenant et attentionné lui valut d'être immédiatement adopté par mes grands-mères. Et, comme il était également très intelligent, il apprit l'allemand et s'intégra avec une facilité qui forçait l'admiration.

Puisqu'il n'avait pas le droit de travailler durant les trois premiers mois de son séjour, il put se consacrer entièrement à son fils. J'étais émue en voyant Mohamed serrer son enfant contre lui, mais, très vite, mes pensées se tournaient vers Emira, dont je vivais mal l'absence. Bientôt, mon trésor, ma courageuse petite fille, bientôt !

Alors que Mohamed venait d'arriver, je retournai en Tunisie avec Elias, alors âgé de sept semaines, afin de passer les vacances d'hiver avec Emira. Celle-ci avait dû prendre le bus toute seule pour rejoindre son père, à cinq cents kilomètres de M'saken. En l'apprenant, je préférai ne pas penser à ce qui aurait pu lui arriver. Comment Farid avait-il osé ?

J'allai la chercher au point de rendez-vous dont nous étions convenues, puis nous regagnâmes l'appartement, que j'avais préféré garder. Emira était ravie de voir enfin son petit frère. Elle voulait tout savoir sur les soins à apporter aux nouveau-nés et jubilait dès que la couche d'Elias était pleine, car elle adorait le changer. On m'avait prévenue qu'elle risquait d'éprouver de la jalousie, aussi observai-je attentivement ses réactions, sans rien constater de tel. Emira prenait son rôle de grande sœur très au sérieux, peut-être parce qu'Elias et elle avaient sept ans de différence.

La vie semblait nous sourire. J'étais triste de priver Mohamed de son fils, mais, comme j'allaitais Elias, je n'avais pas eu d'autre choix que de l'emmener avec moi. Et quand l'absence de Mohamed devenait trop pesante, je me consolais en me disant qu'il ne pouvait rêver mieux, comme occasion de s'intégrer. Arrivé en Allemagne depuis dix jours, il se retrouvait déjà seul. Enfin, pas tout à fait, car ma grand-mère maternelle l'avait pris sous son aile. Je le savais entre de bonnes mains. Un dimanche matin, alors que j'appelai ma grand-mère, tous deux prenaient déjà l'apéritif !

Pas une fois Mohamed ne me reprocha de l'abandonner, ce dont je lui fus infiniment reconnaissante. Au contraire, il aurait remué ciel et terre pour que je puisse passer du temps avec Emira. Nous étions à l'unisson, et pas seulement sur ce point. J'essayai de l'inclure à nos vacances en lui envoyant régulièrement des photos. J'en pris notamment beaucoup chez ses parents, à qui je rendis visite avec les enfants. Nous ne vîmes pas le temps passer, et très vite, l'heure de la séparation sonna.

Bien consciente que je ne la quittais pas par gaieté de cœur et que je me démenais pour la faire venir en Allemagne, Emira se montra très courageuse. Mais, comme toujours, j'étais anéantie.

À mon retour, Mohamed avait fait des progrès fulgurants en allemand. Il maîtrisait désormais assez la langue pour suivre les émissions humoristiques diffusées à la télévision.

Recevoir une enveloppe où figurait son nom suffisait à éclairer sa journée. En Tunisie, recevoir du courrier n'était pas courant. Là-bas, on communiquait le plus souvent par petits mots. Mohamed y voyait le signe qu'il était pris au sérieux et considéré comme un citoyen à part entière. Il se sentait renaître, même s'il demeurait conscient qu'au niveau professionnel il allait repartir de zéro et gravir les échelons un à un. Mais il était jeune, motivé, curieux, désireux d'apprendre – et ravi de vivre avec son fils et moi. La Tunisie ne lui manquait pas, il aurait simplement préféré des températures plus clémentes. Là encore, nous étions d'accord.

En 2010, je rejoignis Emira en Tunisie pour les vacances de Pâques. Je craignais que sa garde me soit retirée si je m'absentais trop longtemps. Je voulais également profiter de ces moments passés ensemble pour la rassurer et l'encourager à tenir bon. Nous ne l'oubliions pas, il fallait simplement que chacun de nous prenne son mal en patience.

En réalité, je désespérais, car les recours s'amenuisaient. Lorsque je présentais mon passeport à la douane, le voyant rouge s'allumait toujours. Comment mettre fin à ce signalement ? À croire que les autorités ne relâcheraient jamais leur surveillance.

Durant ce séjour, je résiliai également le bail de mon appartement de Djerba. Comme je devais rentrer en Allemagne, la famille de Mohamed s'occupa du déménagement et entreposa nos meubles chez un oncle qui vivait à Tunis.

Je ne reverrais pas Emira avant l'été. Nous avions prévu de passer la majeure partie des vacances à la montagne, puis de réserver un hôtel à Djerba, où ma grand-mère nous rejoindrait. Mohamed nous aurait volontiers accompagnés, mais il venait de trouver un emploi à Velbert et ne pouvait pas poser de congés. Il avait été embauché dans le premier restaurant où il avait postulé. C'était un bon début.

Je retournai donc en août à Djerba. Alors que j'étais confrontée aux problèmes habituels lors du passage de la douane, je tentai de faire bonne figure et attendis patiemment la fin de la procédure, toujours aussi fastidieuse, permettant de débloquer mon passeport. Encore une fois, on me traita en criminelle. Même mes bagages furent fouillés. Mais de quoi m'accusait-on, au juste ? De vouloir voir ma fille ?

Pendant ce temps, Emira rongeait son frein chez Farid. Je lui téléphonai afin de m'excuser pour ce retard, puis demandai à parler à son père, à qui je devais tous ces désagréments.

— Pourrais-tu contacter l'aéroport pour accélérer la procédure ou, mieux encore, pour mettre fin à ce fichage une bonne fois pour toutes ?

— Il faut que j'aille voir un patient, c'est urgent. Et Farid raccrocha.

Dix minutes plus tard, il me rappela pour me donner l'adresse de la pizzeria où il déposerait Emira.

Décidément, il restait fidèle à lui-même.

Je pris un taxi jusqu'à la pizzeria. À mon arrivée, Emira ne me reconnut pas tout de suite, et réciproquement. Je la trouvais changée, elle avait pâli et maigri. La voir ainsi me bouleversa, il fallait à tout prix que je la revigore. Nous nous rendîmes en voiture à Houmt Souk, où nous serions hébergés quelques jours chez Radhia et Fathi. Là-bas, Emira m'annonça que Nazima et Farid s'étaient séparés avec pertes et fracas, puis se livra à une imitation tellement réussie de son père que c'en était déstabilisant. Et, même si ce spectacle improvisé me fit rire aux larmes, j'étais bien consciente qu'elle avait assisté à des scènes traumatisantes et qu'il s'agissait là d'un exutoire.

Le Coran occupait une place centrale dans le récit d'Emira, qui savait désormais tout ce qui était *haram*, ou presque, comme sortir à la pizzeria avec son père, pour qu'il puisse appeler Sandra. Lorsqu'elle en avait informé Nazima, celle-ci n'avait guère apprécié, et Emira s'était confondue en excuses. Elle nous raconta également que sa belle-mère, quand elle la voilait, lui serrait tellement fort le foulard autour de la tête qu'elle ne pouvait plus respirer. Et Emira de tirer la langue, les yeux exorbités, comme si elle étouffait. Il fallait prier, encore et encore, toute la journée, « Allah akbar » par-ci, « Allah akbar » par-là. Je ne pus m'empêcher de rire devant ces petites saynètes. Emira avait de l'humour, et tant mieux. J'y voyais le signe qu'elle savait faire la part des choses, malgré son jeune âge. Ma fille n'avait pas seulement l'esprit critique, elle était également une comédienne hors pair !

Durant le ramadan, nous passâmes deux semaines à la montagne chez les parents de Mohamed. Il y régnait une chaleur étouffante, avec des températures dépassant allégrement les quarante degrés – à l'ombre, bien entendu. Malgré tout, Emira, Elias et moi attrapâmes un gros rhume. J'étais particulièrement inquiète pour mon fils, qui semblait développer une infection, et le conduisis aux urgences. Peu après, Emira, en jouant, tomba d'un rocher. Retour à l'hôpital. Heureusement, elle n'avait rien de cassé. Nous arrivâmes tous trois en piteux état à Djerba, où nous attendaient ma grand-mère et une de ses amies. C'était parti pour les vraies vacances : deux semaines dans un hôtel de luxe !

— Je crois que je vieillis, confiai-je un soir à ma grand-mère. Je prends goût à tout ce confort.

Peu de temps auparavant, j'aurais dit l'inverse. À une époque, les plus belles vacances que je pouvais imaginer consistaient à aller à la montagne voir la famille de Mohamed. Mais, cette fois, ce séjour m'avait épuisée. Et puis, trop occupée à veiller sur Elias, je n'avais pas pu participer aux tâches ménagères.

— Je te comprends, répondit ma grand-mère. Bon, je suis un peu plus âgée que toi.

— Tu as quand même quatre-vingt-quatorze ans, mamie !

— Oui, je sais. Mais, parfois, j'ai l'impression d'être centenaire !

26

Nom de code : Sabrina

Emira savourait son statut de touriste, de cliente à part entière. Pour une fois, elle n'était plus la petite fille confiée au club enfants par son père, qui voulait profiter de ses dimanches et jours fériés comme il l'entendait. Elle s'épanouissait à vue d'œil et participait à toutes les animations proposées par le personnel de l'hôtel. Elle reprit également un peu de poids. Bref, elle paraissait heureuse. J'aurais aimé être aussi détendue, mais, comme toujours, je me creusais la cervelle pour trouver un moyen de quitter le pays avec elle. En désespoir de cause, j'échafaudai un nouveau plan. Je voulais repérer, parmi les enfants séjournant à l'hôtel, une fillette ressemblant à Emira. Puis je tenterais de convaincre ses parents de me prêter son passeport, dont je me servirais pour quitter la Tunisie. Ils signaleraient le vol du passeport et en demanderaient un nouveau afin de pouvoir, à leur tour, rentrer chez eux.

Le jour où je remarquai une fillette qui était le sosie quasi parfait d'Emira – renseignements pris, elle s'appelait Sabrina –, je faillis me trouver mal. J'avais le cœur qui battait à tout rompre. Comme je n'osais pas me lancer, je fis part de mes projets à deux jeunes animatrices du club enfants qui appréciaient beaucoup Emira. Elles acceptèrent donc d'aller tâter le terrain auprès des parents de Sabrina. Ce couple charmant, originaire de Munich, saisit immédiatement la gravité de la situation et s'accorda une journée de réflexion.

— Je suis désolé, mais cela ne va pas être possible, m'annonça finalement le mari. Si Emira utilise le passeport de Sabrina pour quitter le pays, nous ne pourrons pas rentrer chez nous avec notre fille, car la douane l'aura enregistrée dans ses fichiers comme étant déjà partie. De plus, ce prétendu vol de passeport risque de nous attirer des ennuis.

Je fondis en larmes. Encore un espoir réduit à néant.

— Mais ne désespérez pas, ajouta-t-il. J'ai une autre idée.

— Je vous écoute.

— Si, à notre retour, je vous envoie le passeport de Sabrina, vous pourrez toujours tenter votre chance.

— C'est vraiment très gentil de votre part.

— Hélas, je ne garantis rien, car le problème restera le même. Mais vous réussirez peut-être à obtenir un deuxième tampon d'entrée en prétendant qu'il a été oublié à l'aller. Les douaniers aussi font des erreurs. Et vous pouvez également essayer de soudoyer quelqu'un...

Je lui sautai au cou.

La famille rentra en Allemagne. Trois jours plus tard, je reçus un pli express que j'ouvris d'une main tremblante : le passeport de Sabrina. Son père avait tenu parole. Mais comment obtenir le précieux tampon d'entrée ? J'allais devoir essayer sans. J'avais eu beaucoup de chance, ces derniers temps, alors pourquoi pas ?

Malheureusement, Farid se rappela à mon bon souvenir. Je devais rentrer en Allemagne le lendemain de l'Aïd, la grande fête musulmane marquant la fin du ramadan. J'avais certes la garde d'Emira durant les vacances, mais Farid, qui pouvait demander à voir sa fille le dimanche et les jours fériés, sauta sur l'occasion.

— C'est la dernière journée que nous passons ensemble, Farid !

— J'ai un droit de visite le dimanche et les jours fériés, répliqua-t-il sèchement.

— Mais nous étions d'accord pour que tu y renonces quand je viens passer les vacances ici.

Je faillis lui rafraîchir la mémoire au sujet des nombreux dimanches et jours fériés qu'Emira avait passés à M'saken sans le voir, mais je me retins.

— J'ai droit aux dimanches et aux jours fériés, répéta-t-il, tel un disque rayé. Je viendrai la prendre à midi, puis nous fêterons l'Aïd avec ma famille.

— Je te laisse annoncer la nouvelle à Emira, dans ce cas.

— Je ne veux pas y aller, dit-elle, en pleurs. On devait passer la journée à la piscine !

— *Haram*, il est interdit de se baigner le jour de l'Aïd, rétorqua Farid, qui, dans d'autres circonstances, n'aurait émis aucune objection.

Emira n'osa pas répondre. Lorsque, par la suite, je me renseignai sur la question, j'appris que personne n'avait jamais entendu parler de cette coutume. Même les femmes avaient le droit de se baigner ce jour-là, à condition toutefois de ne pas se découvrir d'un fil.

Je ressassai longuement cette conversation. La simple idée que Farid ait deviné mes projets me donnait des sueurs froides. Était-ce la raison pour laquelle il insistait tant ? Je savais qu'il n'observait pas le jeûne du ramadan. Dans ce cas, pourquoi tenait-il soudain à passer l'Aïd avec Emira ? Cherchait-il à nous séparer avant le décollage ?

La bataille autour de la garde de notre fille venait d'entrer dans une phase décisive. Emira et moi devions partir. Vite. Avant l'Aïd.

Dans l'après-midi, un inconnu aborda Emira alors qu'elle jouait près de la piscine et lui demanda si son père était bien médecin. Là, je compris que Farid avait envoyé des espions jusque dans l'enceinte de l'hôtel.

Heureusement, Emira et moi réussîmes à quitter les lieux au terme d'une véritable opération commando mise sur pied avec l'aide des deux animatrices du club enfants. Elles me donnèrent les coordonnées d'un chauffeur de taxi digne de confiance, puis se chargèrent de distraire les gardiens tandis que nous passions devant la guérite. Devant l'hôtel, deux amis de Mohamed, que celui-ci avait contactés afin qu'ils assurent notre sécurité, veillaient au grain.

Une fois Emira et moi sorties sans encombre, le chauffeur nous conduisit chez une de ses connaissances, qui nous hébergea pour la nuit. Mais je ne pus fermer l'œil, trop occupée que j'étais à peaufiner la suite de mon plan. À l'hôtel, j'avais repris contact avec un ancien collègue responsable de groupes qui m'avait conseillé de quitter la Tunisie en empruntant la frontière libyenne. Je n'avais qu'à me rendre à Tunis et demander un visa pour Emira, Elias et moi. Cela me paraissait cependant trop simple, et Farid risquait d'être prévenu.

L'oncle de Mohamed passa me voir le lendemain pour m'informer qu'il avait trouvé un passeur. Pour moi, c'était l'idéal. Inutile d'attendre un hypothétique visa, j'économiserais du temps et de l'argent. J'appelai Mohamed pour lui annoncer la nouvelle.

— Mais c'est dangereux ! s'exclama-t-il.

— Ton oncle nous accompagnera durant une partie du chemin.

À ces mots, Mohamed se calma.

Or, le passeur ne donna plus signe de vie. Allais-je finalement devoir me rendre à Tunis afin d'y déposer une demande de visa ? J'hésitais à effectuer un trajet si long avec Farid à mes trousses. Pour ne rien arranger, la police nous recherchait. Je venais d'apprendre que mon ex-mari m'avait signalée aux autorités sous prétexte qu'il n'avait pas pu voir sa fille le jour de l'Aïd, preuve que je projetais de la kidnapper. Autant oublier la demande de visa pour la Libye.

Je décidai alors de louer une voiture et de me rendre à Douz, dans le sud du pays, toujours avec l'oncle de Mohamed. Au loin, la frontière libyenne m'attirait comme un aimant. Emira et moi avions la peur au ventre, tandis qu'Elias, âgé d'un an à peine, était bien trop petit pour comprendre que nous fuyions. À notre arrivée, un ami de Mohamed nous trouva une chambre dans un hôtel où je n'eus pas à décliner mon identité. Mais, à son tour, un ami de l'oncle de Mohamed nous conseilla vivement de regagner Tunis, car, pour l'heure, la frontière avec la Libye était infranchissable. D'après un troisième homme, mieux valait que je me présente à l'ambassade d'Allemagne.

Que faire ? Je tournai et retournai le problème dans tous les sens. Si la frontière libyenne était vraiment si difficile à passer, je devais trouver une autre solution. De plus, il était hors de question que mes enfants courent un quelconque danger. Restait l'ambassade. Nous prîmes le bus pour Tunis, à quatre cent cinquante kilomètres de là. Heureusement, Elias passa la majeure partie du trajet à dormir. Quant à Emira, elle savait pertinemment, comme moi, que la police risquait de nous interpeller d'une seconde à l'autre. Lors des deux ou trois arrêts que le bus dut effectuer, nos nerfs furent soumis à rude épreuve. Je transpirais, je tremblais. Heureusement, chaque fois, seul le chauffeur fut contrôlé.

Cependant, à un feu, un policier tourna la tête, croisa le regard de ma fille et fit signe à l'un de ses collègues d'arrêter le bus. On nous ordonna de descendre. Emira, prise de panique, hurla. Impossible de la calmer, elle était morte de peur. Lorsque

Elias se mit lui aussi à crier, je fondis en larmes, à bout de forces.

Les policiers, qui ne s'émurent pas de la situation, m'interrogèrent toute une journée.

Ville de départ ?

Ville d'arrivée ?

Nom du père de vos enfants ?

On ne nous donna rien à manger, seulement à boire. Je sortis tous mes papiers dont, bien sûr, le document stipulant que j'avais la garde d'Emira.

Ville de départ ?

Ville d'arrivée ?

Je dus m'expliquer au moins à quatre reprises. Malgré mes progrès en arabe, j'avais encore du mal à comprendre et à me faire comprendre, aussi l'interrogatoire s'éternisa-t-il. Dès qu'un nouveau policier entrait dans la pièce, je devais tout reprendre depuis le début et en détail.

Ville de départ ?

Ville d'arrivée ?

Enfin, on m'autorisa à appeler mon avocat. Celui-ci m'expliqua qu'il y avait deux possibilités : soit Emira allait m'être reprise sur-le-champ, soit on m'autoriserait au moins à finir le voyage avec elle. Apparemment, Farid était parvenu à récupérer sa garde. Et personne ne m'avait prévenue !

Au terme de nombreux entretiens téléphoniques avec Tunis, on m'annonça que Farid avait commis une erreur de procédure. Comme il n'avait pas jugé utile de m'informer qu'il réclamait officiellement la garde d'Emira, sa demande fut rejetée, et les policiers n'eurent pas d'autre choix que de me libérer. Quant à Emira, elle répétait sans relâche qu'elle ne voulait plus voir son père. Or, rien ne pouvait l'y forcer, même si Farid disposait d'un droit de visite le dimanche et les jours fériés. Une fois ce dernier point éclairci – non sans peine –, l'attitude des policiers changea du tout au tout. Après nous avoir présenté leurs excuses, ils nous proposèrent une collation, puis appelèrent une voiture avec chauffeur afin que nous regagnions Tunis.

Nous arrivâmes à l'hôtel bien après minuit pour nous endormir aussitôt. Le lendemain, je contactai Camel, un employé du ministère très gentil qui m'était venu en aide lorsque j'avais eu des ennuis avec ma voiture. Comme il avait lui aussi une petite fille qu'il aimait par-dessus tout, il me tendit la main une nouvelle fois. Nous nous donnâmes rendez-vous dans un café. Là, il m'écouta attentivement tandis que je lui racontais mon calvaire. Certes, je n'étais plus recherchée par la police, mais je me sentais surveillée, je vivais dans la peur. Camel se chargea d'abord de nous trouver un hôtel plus confortable, puis vérifia si mes doutes étaient fondés.

— Je confirme, vous êtes suivis, vous et vos enfants. On épie le moindre de vos faits et gestes.

— Mais qui se cache derrière tout ça ?

Camel l'ignorait.

Aujourd'hui encore, je ne sais pas qui nous surveillait, de Farid ou des autorités. Cela revenait de toute façon au même. Une chose était sûre : notre fuite semblait compromise. Qu'était devenue la Tunisie dont j'avais tant rêvé ? Dans cet État policier qui n'avait rien à envier à l'ex-RDA, nombreuses étaient les personnes à faire l'objet d'une étroite surveillance. Quiconque critiquait le pouvoir en place était suivi, voire torturé, jeté en prison et expulsé du pays. J'avais également entendu parler de disparitions inexpliquées.

Camel me conseilla de réclamer le passeport d'Emira au ministère de l'Intérieur, mais je n'en fis rien. Je redoutais par-dessus tout d'être dénoncée.

27

L'agression

Les vacances touchaient à leur fin, et Emira devrait bientôt retourner à l'école. L'en empêcher, c'était risquer que la justice me retire sa garde. Je me mis en quête d'un appartement à Tunis. Après une recherche longue et infructueuse, je finis par rencontrer une vieille dame qui accepta de m'héberger provisoirement. Quant à Mohamed, resté en Allemagne, je sentais, chaque fois que je l'appelais, qu'il se rongeait les sangs. Non seulement j'aurais dû rentrer depuis longtemps avec son fils, mais nous étions peut-être en danger de mort !

Pour mieux berner les personnes qui nous surveillaient, je prétendis mener une vie des plus banales. Je décidai d'inscrire Emira dans une nouvelle école et louai un appartement.

À Tunis, ville moderne, il y avait de jolis quartiers, de nombreux centres commerciaux, des bazars et même un zoo. Revers de la médaille : la vie y était chère. Mais, tant que je me trouvais loin de Djerba et de Farid, rien d'autre ne comptait. Farid, qui avait rarement daigné se déplacer jusqu'à M'saken pour voir Emira, ne risquait pas de venir à Tunis trop souvent. De plus, on l'avait sans doute informé, une fois de plus, que sa fille ne souhaitait pas le voir, comme elle-même le lui avait déjà souvent dit au téléphone. Tunis semblait donc tout indiquée.

À l'école que je choisis, on m'indiqua que je ne pouvais y inscrire Emira sans fournir un exeat de son établissement précédent. Tout à fait par hasard, je rencontrai quelqu'un qui accepta de me conduire à M'saken. Seule, je n'aurais jamais osé me jeter dans la gueule du loup. Emira était elle aussi très angoissée. Malgré tout, elle voulut passer chez ses grands-parents afin de récupérer quelques pulls, car les soirées commençaient à se rafraîchir.

— Je vous le déconseille fortement, dit notre accompagnateur.

— Et pourquoi donc ? répondis-je en feignant la décontraction. Ces vêtements appartiennent à Emira.

— Et j'avais très froid, hier, intervint-elle.

À mon grand soulagement, nous obtînmes sans le moindre problème l'attestation demandée.

Ensuite, je demandai au chauffeur de nous conduire chez les parents de Farid. En chemin, je décidai de jouer franc jeu avec eux. Si je leur disais qu'Emira préférait vivre avec sa mère, ils devaient en prendre leur parti. Comment pourraient-ils s'y opposer ? Et peut-être parviendraient-ils à raisonner Farid. J'espérais plus que tout trouver un arrangement à l'amiable.

Notre accompagnateur se gara à l'entrée de la ruelle, descendit de voiture et alluma une cigarette, tandis que j'allais frapper chez les parents de Farid. Ils me proposèrent d'entrer mais, voyant que le père refermait la porte, je la rouvris et me postai sur le seuil.

— Bonjour, Emira. Comment vas-tu ?

Emira se cramponnait à moi, tandis que j'expliquais les raisons de ma venue.

— Je suis venue chercher des documents à son ancienne école. Emira va vivre avec moi. Je sais que vous vous souciez du bien-être de votre petite-fille, mais elle ne veut plus habiter à M'saken.

— Tu crois que tu sauras mieux t'occuper d'elle que ma femme ? s'écria le grand-père d'Emira.

— Ce n'est pas la question ! Nous voulons simplement récupérer ses affaires.

— Quelles affaires ? Il n'y a plus rien à elle, ici. Nous lui avons tout donné au début des vacances.

— Ce n'est pas vrai, maman !

Emira regarda ses grands-parents, indignée, puis se tourna vers moi.

— Tous mes vêtements chauds sont dans l'armoire. Et mes jouets aussi !

Le père de Farid quitta la pièce. Quelques secondes plus tard, je l'entendis téléphoner.

— Il est en train d'appeler papa, chuchota Emira.

— Viens !

Nous partîmes en trombe.

Le père de Farid nous emboîta le pas et nous sauta dessus, suivi de son épouse. Tous deux, furieux, nous rouèrent de coups. Mon ex-belle-mère, notamment, me gifla, alors que je ne pouvais pas me défendre, avec Elias dans les bras. Puis son mari, en essayant de me prendre Emira, la frappa et la tira par le bras. Après s'être débattue, elle parvint à se dégager, le T-shirt en lambeaux. Sa grand-mère m'empoigna alors par les cheveux, tandis que ma fille hurlait, paniquée. Elias se mit lui aussi à pleurer. Voyant qu'un attroupement se formait autour de nous, les deux fous lâchèrent enfin prise. Je courus vers notre chauffeur, qui me promit de signaler l'incident à la police. Comme Emira avait mal à l'épaule, ainsi que le bras droit en sang et couvert d'ecchymoses, il préféra nous conduire à l'hôpital.

Il nous fallut du temps avant de reprendre nos esprits. Je n'avais qu'une envie, me réfugier en lieu sûr. Ce n'était plus le cas à Tunis, je le sentais. J'appelai Mohamed, qui me conseilla de m'installer à Toujane, non loin de chez ses parents et de son oncle, où nos meubles étaient justement entreposés. Là-bas, la vie serait moins chère, Emira pourrait aller à l'école et nous sortirions de notre isolement. De plus, en prétendant suivre mon petit bonhomme de chemin, je continuerais à endormir la méfiance de Farid et des autorités. Et puis une Tunisienne bien sous tous rapports ne se permettait pas de vivre seule en ville, elle préférait se rapprocher de sa famille, même éloignée. Oui, c'était la meilleure chose à faire.

Toujane était un minuscule village presque désert, soit tout l'inverse de Tunis. Il n'y avait quasiment rien, juste une rue principale et quelques habitations, dont la plupart étaient abandonnées. Les hommes ne quittaient pas le seuil de leur maison, tandis que les femmes restaient à l'intérieur. Elles n'avaient pas le droit de sortir, ne fût-ce que pour acheter à manger. En tout cas, ici, Emira et moi nous sentions en sécurité. Notre logement, qui comportait trois chambres, une cuisine et une petite salle de bains, donnait sur un lycée surveillé par un gardien. Le père de Mohamed lui demanda de veiller sur nous, et très vite, tout le village fit de même, par solidarité. De plus, j'avais deux enfants adorables. Emira, toujours aussi gaie et éveillée, s'attirait les bonnes grâces de tout le monde ou presque.

L'école lui plaisait, et elle ne tarda pas à se lier d'amitié avec les autres enfants. Quant à moi, je partageais mon temps entre Elias et les tâches ménagères. Dès que j'avais besoin de quelque chose, on venait m'aider. Et, souvent, je ne quittais pas l'appartement sans que ma protection soit assurée par un proche de Mohamed. J'en rencontrais de nouveaux tous les jours. Afin de passer inaperçue, je décidai également de porter le foulard. Cela ne me dérangeait pas outre mesure, car j'avais pris l'habitude, en Allemagne, de me couvrir la tête pour ne pas prendre froid. À notre plus grande joie, nous disposions également d'un petit radiateur à gaz, un objet des plus inhabituels en Tunisie ! Les enfants et moi pourrions enfin nous reposer. Cependant, Toujane n'était qu'une étape. La région était tranquille, certes, mais trop isolée pour que Mohamed et moi y ayons un quelconque avenir.

Mohamed, justement, souffrait de mon absence, et son fils lui manquait aussi beaucoup. Mais il était rassuré de nous savoir tout près de sa famille. Comme à son habitude, il se montra très patient.

Puisque je dépendais désormais non plus de la juridiction de Djerba, mais de celle de Gabès, je dus changer d'avocat. Je redemandai également une nouvelle autorisation de sortie du territoire pour Emira, afin qu'elle puisse aller voir son arrière-grand-mère en Allemagne. Nous nous trouvions hors de la zone d'influence de Farid, il n'était donc pas impossible que le juge me l'accorde.

Hélas, je me heurtai à un nouveau refus. Désemparée, j'annonçai par téléphone la nouvelle à Mohamed, qui me consola comme il put. Mais lui aussi souffrait de cette situation. Nous tentâmes de nous réconforter mutuellement. *Nous allons y arriver, ce n'est que partie remise. Nous finirons bien par trouver une solution.*

Même si je ne savais plus vers qui me tourner, je m'efforçai de ne rien laisser paraître de mon découragement devant Emira. Ma fille ne devait surtout pas se croire condamnée à vivre chez ses grands-parents, une de ses plus grandes craintes.

— Maman, c'est vrai que je vais bientôt devoir épouser un monsieur de M'saken ? me demanda-t-elle un jour.

Sa question me remplit d'effroi. Elle était encore si jeune ! Mais sa grand-mère ne partageait sans doute pas mon avis.

— Non, lui répondis-je.

Mais j'aurais préféré en être vraiment sûre.

Sachant que Mohamed, toujours plus à l'aise en Allemagne, essayait lui aussi de nous sortir de l'impasse, je reprenais espoir. Il y avait forcément une solution ! Jusqu'à présent, je n'avais jamais envisagé qu'elle puisse se trouver de l'autre côté de la Méditerranée. C'était une piste à explorer.

Je demandai au juge la permission de confier Emira aux parents de Mohamed, le temps d'un court séjour en Allemagne.

— Revenez avec la personne qui sera responsable de votre fille, et nous en discuterons.

Si, en Tunisie, l'adoption n'existait pas en tant que telle, une procédure appelée *kafala* permettait de placer un enfant sous la tutelle temporaire d'un adulte. Au terme d'un entretien avec le père de Mohamed, le juge accepta qu'Emira lui soit confiée. Ma fille était ravie de cette nouvelle. Par deux fois, on lui demanda si elle souhaitait voir son père. Et par deux fois, elle donna une réponse négative.

Je rentrai en Allemagne fin novembre 2010. Il était convenu que le père de Mohamed s'occuperait d'Emira durant un ou deux mois. J'envoyai immédiatement à Emira des chaussures et des vêtements chauds, ainsi qu'à Nawres, la petite sœur de Mohamed. Je l'appelais aussi régulièrement. Elle semblait aller plutôt bien, étant donné les circonstances. Seule ombre au tableau : l'école, située à une heure de marche. Il fallait descendre une colline, puis emprunter un sentier accidenté à travers une plaine aride où vivaient des chiens errants. Mieux valait se munir de quelques cailloux. Et même chose après la classe.

Peu après mon retour en Allemagne, Mohamed m'annonça qu'un vent de révolte soufflait sur la Tunisie. Mohamed Bouazizi, un marchand ambulant, s'était immolé par le feu à Sidi Bouzid, devant le siège du gouvernorat, après que des agents municipaux lui eurent confisqué son matériel. Cet acte de protestation eut un écho retentissant, car de nombreux Tunisiens, y compris de jeunes diplômés, essayaient désespérément de subvenir aux besoins de leur famille grâce à de petits stands de fruits et légumes. Mais, las de subir les abus de pouvoir des autorités, ils refusaient de vivre plus longtemps dans ces conditions. Ce fut le début du Printemps arabe.

Mohamed et moi passions le plus clair de notre temps sur Internet afin de glaner des informations. Comme la détresse du peuple tunisien ne figurait pas encore à la une en Allemagne, Mohamed voulut alerter l'opinion publique et entreprit de diffuser autour de lui des images de la répression. Sa démarche n'eut pas l'effet escompté.

Il fallut attendre que la chaîne Al Jazeera montre une vidéo atroce d'un jeune manifestant passé à tabac par les forces de l'ordre pour que les médias allemands s'intéressent au sort des insurgés. Mais, alors qu'ils commençaient à peine à en parler, les morts et les blessés se comptaient déjà par dizaines, comme nous le voyions sur les sites que nous consultions. Comment mon pays avait-il pu fermer aussi longtemps les yeux sur les événements qui secouaient la Tunisie ?

Mohamed et moi soutenions de tout cœur les manifestants. Nous rêvions d'une Tunisie libre. À bas la dictature ! Vive la démocratie ! Ben Ali, dehors ! J'étais euphorique, je pressentais que la Révolution de jasmin allait nous permettre de sortir de l'impasse. Je ne m'inquiétais pas pour Emira, qui ne risquait rien à Toujane. Et, le jour où nous apprîmes que Ben Ali s'était exilé en Arabie Saoudite, nous sautâmes de joie dans tout l'appartement.

Sur les conseils d'un avocat bénévole que Mohamed avait contacté alors que je me trouvais encore en Tunisie, j'écrivis au député de ma circonscription. Je lui expliquai que, si la situation d'Emira était problématique, c'était surtout parce qu'elle ne possédait plus de passeport allemand, celui-ci lui ayant été confisqué sans aucune justification. À présent, il pouvait se trouver n'importe où, dans n'importe quelle administration tunisienne. L'adjoint au maire de Velbert proposa d'intercéder en ma faveur, mais cela se révéla plus délicat que prévu. Comme je n'avais pas déclaré le vol de son passeport auprès des autorités allemandes, je ne pouvais demander son renouvellement. Dans ma circonscription, on se mobilisa pour trouver une solution. J'étais reconnaissante envers toutes les personnes qui nous aidaient, mais nous tournions en rond.

Finalement, on nous conseilla d'effectuer les démarches suivantes. Premièrement : aller chercher Emira chez les parents de Mohamed. Deuxièmement : la conduire à l'ambassade d'Allemagne, à Tunis. Troisièmement : déposer une demande de passeport directement là-bas. Quatrièmement : reprendre l'avion avec elle pour l'Allemagne. Je n'osais pas y croire. Cela me paraissait presque trop facile.

— Un employé de l'ambassade vous escortera jusqu'au décollage.

— C'est vrai ?

— Bien sûr.

Mon enthousiasme fut mis à mal lorsque Hedi, le père de Mohamed, nous informa que Farid était dans la région et recherchait Emira. Visiblement, il n'acceptait pas que sa fille refuse de le voir. Hedi avait aussi eu vent d'une rumeur de kidnapping. Emira courait donc de grands risques en allant à l'école, située à une heure de marche, même si elle était toujours accompagnée de Nawres et des autres enfants du village. Je faillis m'évanouir en apprenant la nouvelle. Je me sentais impuissante, à des milliers de kilomètres de mon enfant. Et, les vols pour Tunis étant suspendus en raison des troubles, je n'avais aucune possibilité de la rejoindre en urgence. Si, par malheur, Farid réussissait à enlever ma fille, c'était certain, je ne la reverrais plus jamais.

Mais la chance nous sourit – du moins, momentanément. Au début du soulèvement, la police restait discrète. Elle se contentait d'encadrer les manifestations qui avaient lieu dans tout le pays, aussi Farid ne trouva-t-il personne pour écouter ses doléances. Il finit par prendre lui-même les choses en main et se présenta chez les parents de Mohamed en prétendant être un magistrat chargé de récupérer Emira. Il se montra très autoritaire et alla jusqu'à leur agiter de faux documents sous le nez. Lorsque Emira, restée à l'intérieur, reconnut sa voix, elle courut se cacher dans un placard, toute tremblante. Heureusement, Hedi ne se laissa pas berner et éconduisit le faux magistrat.

Lorsque j'eus Emira au téléphone, elle était rongée par l'angoisse. Voyant que je n'en menais pas large non plus, Mohamed prit le combiné et assura à ma fille que rien ne pouvait lui arriver, qu'elle était en sécurité chez ses parents, que ceux-ci veillaient sur elle. J'espérai qu'il saurait se montrer plus convaincant que moi.

28

Retrouvailles

Tous les jours, je vérifiai l'état du trafic aérien sur Internet. Dans un premier temps, je voulus retourner seule en Tunisie, mais je changeai d'avis, car les derniers événements rendaient la situation trop périlleuse. L'ancienne garde rapprochée de Ben Ali terrorisait le pays. Les soldats qui la composaient étaient d'ailleurs surnommés « les chiens » par la population. La plupart de ces soldats, dépourvus de conscience mais dotés d'une résistance extraordinaire à la douleur, avaient été enlevés à leur famille alors qu'ils étaient encore enfants. Puis ils avaient suivi un entraînement militaire comparable au dressage de chiens de combat.

Dès que les vols reprirent entre l'Allemagne et la Tunisie, je réservai trois places dans le prochain avion pour Tunis, seule ville où l'aéroport avait rouvert. Comme j'allaitais toujours Elias, je n'envisageai pas de traverser un pays en crise sur six cents kilomètres seule avec lui. Heureusement que Mohamed put m'accompagner.

Parmi les passagers, je remarquai plusieurs hommes barbus. Chassés de Tunisie par Ben Ali sous prétexte qu'ils étaient des fondamentalistes religieux, ils s'apprêtaient à revoir leur famille après des années de séparation. Ben Ali avait agi ainsi afin de s'attirer les faveurs des dirigeants occidentaux. Avec succès, car ceux-ci avaient fermé les yeux sur ses pratiques dictatoriales. Durant le vol, chacun de ces hommes fut interviewé par des journalistes. *D'où venez-vous ? Depuis combien d'années n'êtes-vous pas retourné en Tunisie ? Pour quelle raison avez-vous été expulsé ? Que ressentez-vous aujourd'hui ?*

Même si l'apparence austère de ces hommes me mettait un peu mal à l'aise, leur émotion me toucha au plus haut point. Les retrouvailles eurent lieu dans un aéroport bondé, devant les caméras du monde entier. J'espérais que ma famille serait elle aussi bientôt réunie.

À peine montée dans le taxi pour l'hôtel, je fis part au chauffeur de mon admiration pour le peuple tunisien. Il n'en fallut pas plus pour qu'un flot de paroles s'abatte sur moi. L'homme parlait à toute vitesse, alors que j'étais habituée au débit plus lent de Mohamed. Je compris toutefois qu'il nous relatait les événements des dernières semaines. Nous nous tenions informés grâce à Internet, mais il était plus intéressant d'avoir un témoignage direct.

Nous aurions préféré rejoindre Emira au plus vite, mais nous dûmes patienter à cause du couvre-feu. Le lendemain matin, nous prîmes un bus bondé qui nous conduisit à Gabès. Il dut effectuer de nombreux détours, car beaucoup d'axes routiers étaient fermés à la circulation en raison de manifestations et de rassemblements politiques.

Mohamed était enchanté de retrouver la Tunisie. Et moi aussi, car je découvrais un pays libre, celui dont j'avais toujours rêvé. Le sentiment de peur et d'oppression dont nous avions tant souffert semblait avoir disparu. Mais nous devions triompher d'un dernier obstacle : Farid.

Nous atteignîmes Gabès après huit heures de bus, puis ralliâmes Toujane en taxi. Là, un ami de Mohamed nous accueillit et nous conduisit jusqu'à la maison de ses parents, où Emira nous attendait. Nous ne nous étions pas vues depuis deux mois.

Emira se jeta dans mes bras et me confia qu'elle ne supportait plus Nawres. Comme souvent chez les fillettes de cet âge, le quotidien était rythmé par les disputes et les réconciliations successives. Nawres menait Emira à la baguette, sous prétexte qu'elle avait un an de plus. Mais, surtout, elle n'en pouvait plus de marcher deux heures par jour sur un chemin caillouteux pour aller à l'école et en revenir. En entendant tout cela, mon désir de rentrer fut plus fort que jamais. Emira et moi avions été privées l'une de l'autre bien trop longtemps. Toutes ces années, j'avais pris sur moi pour ne pas craquer. Comment pouvait-on empêcher une mère et sa fille de vivre ensemble ? Et dire que son père s'occupait à peine d'elle ! Je n'aspirais qu'à une chose : partager mon quotidien avec Emira, la savoir pour toujours à mes côtés, ne plus devoir donner le change, alors que l'heure des adieux approchait. Ma fille était encore jeune, mais elle avait déjà souffert plus que de raison. Elle s'adaptait, certes, cependant ces séparations successives avaient laissé des traces. Mon cœur se serrait, quand je pensais au gouffre entre la vie que j'avais voulu lui offrir et la réalité.

Nous tombâmes tous malades le troisième jour, ce qui n'avait rien d'anormal, étant donné le vent glacial qui soufflait dans la montagne. De plus, nous n'avions pas l'habitude de dormir à même le sol. Curieusement, Mohamed était le plus mal en point. Quand il eut plus de quarante de fièvre, nous décidâmes d'aller nous installer au village. Là-bas, au moins, nous aurions l'eau courante et une salle de bains. Lorsque nous fûmes plus ou moins rétablis – pour ma part, plutôt moins que plus –, un ami de Mohamed nous reconduisit à Tunis, où se trouvait l'ambassade d'Allemagne. Une heure après notre arrivée, Emira obtint un passeport flambant neuf. Nous n'en croyions pas nos yeux, nous qui redoutions tant d'essuyer un nouveau refus ! Tout se passerait-il comme prévu ? Nous accompagnerait-on, comme convenu, jusqu'au décollage ? Hélas, ce n'était pas si simple.

— Nous manquons de personnel pour vous escorter jusqu'à l'aéroport, madame Rothkamm, me répondit-on. Je peux toutefois vous donner les coordonnées d'un avocat qui maîtrise parfaitement ce genre d'affaires. Nous faisons souvent appel à lui. Vous n'êtes pas un cas isolé, beaucoup de femmes vivent la même chose.

Nous contactâmes cet avocat. Celui-ci prit connaissance de mon dossier et m'informa que, depuis le début, la loi était de mon côté. Emira et moi aurions pu quitter le pays à tout moment à condition de présenter son passeport allemand ainsi que le document stipulant que j'avais sa garde. Je n'avais pas à demander l'assentiment de Farid, car le jugement rendu par le tribunal me donnait le droit de choisir le lieu de résidence de ma fille. L'avocat que Mohamed avait contacté en Allemagne m'avait dit la même chose. Il était donc évident que les autorités tunisiennes s'acharnaient contre moi et que la clé du problème se trouvait du côté allemand. Mohamed ouvrait les yeux, lui aussi. Il prenait conscience du contraste entre la Tunisie et son nouveau pays, l'Allemagne, où tout semblait possible.

Après toutes ces années passées en Tunisie, j'avais pris l'administration en horreur. J'avais l'impression que l'on me mettait sans cesse des bâtons dans les roues, que je ne pouvais en aucune façon gagner et que j'avais plutôt intérêt à courber l'échine. Aucune de mes demandes n'avait abouti, et j'imaginais tous les formulaires que j'avais remplis prendre la poussière sur une étagère.

En écoutant l'avocat, je me sentis pousser des ailes. Mais j'avais beau être soulagée, je n'arrivais toujours pas à y croire. Sans oublier que je faisais toujours l'objet d'un signalement.

— Chaque fois que mon passeport est scanné, le voyant rouge s'allume, précisai-je à l'avocat.

— Hum…

Soudain, il n'eut plus l'air aussi sûr de lui. Il réfléchit, feuilleta un recueil de textes juridiques, secoua la tête et finit par me conseiller de demander une autorisation de sortie de territoire pour Emira le temps des vacances.

— Nous avons déjà essayé deux fois.

— Jamais deux sans trois, souligna Mohamed.

Je fondai ma requête sur des arguments recevables et mis tout en œuvre pour parvenir à mes fins. Je contactai entre autres la maison de retraite où vivait ma grand-mère paternelle et demandai que l'on nous faxe un certificat médical attestant qu'elle était non seulement âgée, mais aussi très malade, et que rien ne lui tenait plus à cœur que de voir son arrière-petite-fille une dernière fois.

Nous patientâmes une semaine, puis deux. Le temps pressait. Nous avions déjà réservé nos billets d'avion pour l'Allemagne, car nous avions dû les montrer au juge afin de prouver qu'Emira ne voyagerait pas seule et que nous disposions des moyens nécessaires pour lui payer l'aller-retour.

Rien pendant deux semaines, donc. Puis la mauvaise nouvelle nous parvint : l'insurrection gagnait du terrain, et en Libye aussi, des milliers de personnes défilaient dans les rues afin de défendre leurs droits.

Nous envisagions justement de passer par la Libye, une fois tous les autres recours épuisés. Un haut fonctionnaire très touché par notre histoire échafauda un plan consistant à franchir la frontière en ambulance. Il nous assura qu'il ferait tout ce qui était en son pouvoir pour nous aider, car notre situation le scandalisait. Par précaution, nous tentâmes de nous procurer des visas. Malheureusement, à l'ambassade de Libye, on nous informa qu'il nous faudrait patienter trois mois. Pourtant, la dernière fois que je m'étais renseignée, on m'avait indiqué un délai bien plus court.

— Cela est dû aux troubles ? Nous avons vu des gens manifester à la télévision.

— Oh non, ce que vous avez vu, ce sont des défilés à la gloire de Kadhafi.

Mohamed et moi échangeâmes un regard. Nous n'étions pas étonnés outre mesure par ce genre de manipulations. Mieux valait abandonner la piste libyenne.

Restait à espérer qu'Emira obtienne une autorisation temporaire de sortie de territoire. Mais, la veille du décollage, alors que nous étions en route pour Tunis, on nous annonça la décision du tribunal : demande rejetée.

J'étais effondrée. À l'ambassade, on nous avait dit que plus rien ne s'opposait à notre départ, et voilà que nous essuyions un nouveau revers. Aucune démarche n'aboutissait, aucune. Je ne pus retenir mes larmes.

— Tentons quand même le coup, proposa Mohamed.

— Comment ça ?

— Faisons-nous passer pour une gentille petite famille qui rentre en Allemagne après des vacances en Tunisie.

— Entendu…

Même si je n'y croyais plus, en cet instant, j'étais prête à tout pour sauver Emira. Certes, j'avais échoué à plusieurs reprises, mais cela finirait bien par fonctionner un jour. Pourquoi pas maintenant ? La Tunisie était libre, j'en espérais autant pour ma fille.

Après une nuit passée dans un hôtel de Tunis, nous nous rendîmes à l'aéroport. « Nous sommes une famille unie, nous avons passé nos vacances tous ensemble en Tunisie, et l'heure est venue de rentrer en Allemagne. Tout va bien se passer. » Nous nous répétions ce scénario comme un mantra.

En effet, tout commença bien ! L'enregistrement des bagages se déroula sans encombre. Alors que j'étais au bord du malaise, je m'efforçais de donner le change en gardant le sourire et en plaisantant avec mon mari et mes enfants. « Nous sommes une famille qui rentre de vacances, une famille on ne peut plus ordinaire, une famille tellement ordinaire que personne ne fait attention à nous. Nous sommes tellement ordinaires que nous passons inaperçus. » Comme convenu, Mohamed se chargea de répondre à toutes les questions. Nous franchîmes tous les contrôles, il n'en restait plus qu'un, le dernier avant que nous soyons enfin libres. Mohamed tendit nos passeports à la douanière. Le mien fut scanné en dernier, et le voyant rouge s'alluma. Je feignis de n'avoir rien remarqué et continuai à m'occuper d'Elias. La femme fit signe discrètement à Mohamed d'approcher et lui demanda si j'avais été fichée à son initiative. Mohamed commença à paniquer. Je n'avais plus qu'à compter sur les talents de comédienne d'Emira. Celle-ci avait reçu pour consigne de confirmer que Mohamed était son père. Mais, juste avant qu'elle n'entre en scène, Mohamed se ressaisit et eut la présence d'esprit de répondre par l'affirmative.

— Ce signalement remonte à plusieurs années, cela m'était complètement sorti de la tête.

La femme me sourit, puis assura que le problème pouvait être réglé sans que je n'aie jamais vent de sa démarche.

— Ce serait parfait, répondit Mohamed, sans perdre de sa superbe.

Mais, lorsque la policière réexamina les passeports, elle remarqua qu'Emira et Mohamed portaient des noms de famille différents.

— Il s'agit bien de votre fille ?

— Non, répondit Mohamed.

À ce moment-là, la machine s'enraya. Mohamed s'emmêla les pinceaux en tentant d'expliquer que le père biologique d'Emira vivait en Allemagne et qu'il était turc, alors que le patronyme d'Emira ne laissait aucune place au doute.

Comprenant que la partie était définitivement perdue, je faillis me trouver mal. La policière, de plus en plus méfiante, appela son supérieur à la rescousse. Celui-ci nous reposa les mêmes questions puis, à son tour, contacta son chef, qui nous isola dans un bureau. D'après l'horloge murale, le décollage était imminent. On nous reprit nos passeports, on nous les rendit, on téléphona, on se concerta. Tous les documents que je présentai étaient en ordre et prouvaient ma bonne foi. Mais, malgré l'attestation de droit de garde, qui stipulait que le choix du lieu de résidence de ma fille me revenait, les autorités continuaient à croire que je voulais la kidnapper à cause du signalement dont je faisais l'objet.

C'est exactement ce que je leur reproche, aujourd'hui encore : d'avoir confisqué le passeport d'Emira et de m'avoir fichée sur les dires de Farid, alors que je ne m'étais rendue coupable d'aucun délit. Mais, manifestement, la police n'en avait cure. En Tunisie, un mari pouvait dénoncer sa femme sous un prétexte fallacieux, demander qu'elle soit fichée et l'empêcher de quitter le pays avec son enfant.

Un haut gradé nous désigna tour à tour, Mohamed, Elias et moi.

— Je suis désolé, mais seuls vous trois pouvez partir. Emira doit rester ici.

Je ravalai un sanglot. Je n'abandonnerais pas. Pas cette fois. J'étais bien décidée à me battre jusqu'au bout. J'adressai un clin d'œil discret à Emira, qui me comprit aussitôt.

— Vous savez quoi ? Si vous me donnez l'autorisation de monter dans l'avion, comptez sur moi pour la prendre. Mais je vous confie ma fille. Je suis curieuse de savoir comment vous allez vous sortir de ce pétrin.

Je crus que mon interlocuteur allait s'étouffer.

— Vous ne pouvez pas partir en laissant votre fille à l'aéroport ! Abandonnez-la dans la rue si cela vous chante, mais je ne veux plus la voir ici !

Je dis à Mohamed, qui portait Elias, de me suivre.

Le policier me retint par le bras.

— Vous n'avez pas le droit !

— Vous serez gentil de m'expliquer ce que j'ai le droit de faire ou de ne pas faire, à la fin !

Soudain, l'homme se radoucit. Visiblement, j'étais moi aussi bonne comédienne.

— Vous savez, il est tout à fait possible de lever ce fichage.

— Ah oui ?

— En principe, cela ne devrait pas poser de problème.

En principe seulement. Mohamed et Elias rentrèrent en Allemagne. Le lendemain, je me rendis seule avec Emira chez mon avocat. Celui-ci me donna les coordonnés d'un confrère de Djerba qui pourrait certainement faire annuler le signalement. J'avais été dénoncée là-bas, et la situation ne pourrait être débloquée qu'avec le concours des autorités locales.

— Entendu, je contacterai votre confrère.

Mais je n'en avais pas la moindre intention, loin de là. J'étais à bout, je n'avais aucune envie de me lancer dans de nouvelles démarches et de reprendre espoir pour finalement échouer, une fois encore. La solution ne se trouvait pas à Djerba, où Farid était un homme influent et respecté.

Emira et moi retournâmes à Toujane, où je racontais à qui voulait l'entendre que nous attendions des nouvelles de notre avocat. Emira et moi reprîmes également nos anciennes habitudes, et ce, afin de déjouer une éventuelle surveillance. Ma fille allait bien gentiment à l'école, et moi, je ne sortais jamais sans mon foulard. Pour me tenir informée de la situation en Libye, j'allais soit chez ma voisine, Aïcha, qui avait la télévision, soit au cybercafé. Je me disais que, si une révolution venait à éclater, personne ne traquerait les clandestins tentant d'entrer illégalement dans le pays. Au contraire, les gens chercheraient plutôt à fuir. Une fois la frontière passée, Emira et moi prendrions le ferry pour Gênes ou l'avion à Tripoli. Là-bas, je n'étais pas fichée, mon passeport ne déclencherait pas le voyant rouge tant redouté.

J'appelais Mohamed tous les jours pour en discuter. Mais, devant la recrudescence des violences en Libye, je me vis obligée de renoncer à cette entreprise, devenue beaucoup trop périlleuse.

Aïcha, la sœur du meilleur ami de Mohamed, avait à peu près mon âge. Nous avions sympathisé lors de mon premier séjour à Toujane.

— Tu pourrais prendre le bateau, me dit-elle un soir, après avoir bordé ses trois filles.

— La Libye n'est plus à l'ordre du jour.

— Je ne pensais pas à la Libye, mais à la Tunisie. C'est ma mère qui m'en a touché un mot, elle-même a entendu une de ses amies en parler. Des bateaux partent régulièrement. Il y en a un pour l'Italie dans deux jours. C'est une idée, non ? Cela a abouti pour plusieurs de nos connaissances, en tout cas.

Je la regardai, médusée. J'avais vu les images de ces embarcations pleines à craquer, je savais qu'elles chaviraient fréquemment et que de nombreuses personnes trouvaient la mort au cours de ces expéditions clandestines. Non, sans façon.

Néanmoins, Aïcha et moi étions amies, et je la connaissais assez pour savoir qu'elle ne m'aurait jamais conseillé ce genre de choses à la légère. Mes pensées se bousculaient dans ma tête. Une telle traversée était dangereuse, certes, mais à quel point ? Et puis Lampedusa ne se trouvait pas très loin de Zarzis, à peine la moitié de la distance entre Toujane et Tunis.

J'hésitais réellement. Cependant, j'avais entendu dire que seuls des hommes plutôt jeunes entreprenaient ce voyage. Or, j'étais une femme, plus toute jeune par ailleurs, et je devais également penser à ma fille. Je n'étais pas désespérée au point de mettre en péril sa vie et la mienne. Je privilégiais la sécurité ; prendre un tel risque, très peu pour moi. La rumeur courait également que la Marine n'avait aucun scrupule à arraisonner les embarcations de clandestins, voire à les faire chavirer. Emira et moi étions bonnes nageuses, certes, mais de là à survivre en pleine mer, entre la houle, la pluie, le froid et une éventuelle tempête…

— Tu veux que je me renseigne ? me demanda Aïcha.

— Laisse-moi y réfléchir.

Cette nuit-là, impossible de fermer l'œil. J'en avais assez de vivre dans la crainte que Farid s'en prenne à nous. Par moments, j'arrivais à oublier, mais l'angoisse ne tardait jamais à reprendre le dessus. Si Farid parvenait à ses fins, à savoir kidnapper Emira, nous serions séparées pour toujours, ma fille n'aurait plus aucun avenir et je ne me le pardonnerais jamais. Malgré le désespoir qui me submergeait, je repensai à la suggestion d'Aïcha en pesant le pour et le contre. J'avais épuisé tous les recours. Chaque fois, j'avais voulu rester dans la légalité, j'avais redonné espoir à Emira, et chaque fois, nous étions restées bloquées à la frontière.

Cette situation était intenable. Seules dans ce petit village, Emira et moi ne vivions pas, nous survivions, loin de Mohamed, loin d'Elias. Ils me manquaient énormément, mais j'avais promis à ma fille de ne jamais l'abandonner. Une promesse gravée dans mon cœur. Il était grand temps d'agir, de reprendre une vie normale. Cette traversée clandestine, c'était la seule solution.

Je faillis consulter Mohamed, avant de me raviser. Dans de telles circonstances, où deux vies étaient en jeu, personne ne pouvait me conseiller. Si Mohamed me disait de tenter la traversée et que celle-ci tournait au drame, il ne s'en remettrait jamais. C'était donc à moi de décider. À moi et à moi seule. Mieux valait mettre Mohamed devant le fait accompli.

Je l'appelai le lendemain matin.

— J'ai trouvé un moyen de quitter le pays.

— Ah bon ?

— Nous allons prendre le bateau.

Je lui exposai l'idée d'Aïcha.

Silence.

— Il s'agit de ma vie et de celle d'Emira, ajoutai-je. C'est à moi que la décision revient.

— Oui, répondit Mohamed.

Nouveau silence.

— Merci de ne pas m'avoir demandé de choisir.

Une fois saine et sauve en Allemagne, Mohamed me confia avoir souvent envisagé cette solution, mais sans jamais oser me la proposer car, s'il nous était arrivé quelque chose, il se serait senti coupable jusqu'à la fin de ses jours.

Je donnai mon feu vert à Aïcha, qui contacta les personnes concernées. Mon projet arriva, après plusieurs intermédiaires, jusqu'aux oreilles d'un des passeurs, qui envoya une voiture me chercher chez moi. On me conduisit dans une maison où un deuxième homme m'expliqua la marche à suivre.

— La prochaine traversée aura lieu dans deux jours, si la météo se maintient. Pensez à prendre des vêtements chauds.

— Combien demandez-vous ?

— Deux mille dinars par personne.

Soit quasiment deux mille euros pour Emira et moi. En liquide, bien entendu, pas de chèque ni de virement. Deux mille euros, le prix de la liberté.

— Entendu. Combien serons-nous à bord ?

— Deux cents.

— Faut-il prévoir des vivres ?

— Non, nous nous en occupons.

— Qu'en est-il des bagages ?

— Ils sont limités à un sac par personne.

— Très bien.

— Quelqu'un passera vous prendre demain après-midi. Tenez-vous prête. Enfin, sachez que ce ne sera pas une partie de plaisir, car vous serez très serrés, encore plus que vous ne l'imaginez.

Je hochai la tête.

Je n'expliquai que le strict nécessaire à Emira, mais je lus dans ses yeux qu'elle saisissait l'enjeu : c'était tout ou rien. Même si elle ne se rendait pas compte de la dangerosité de la traversée. Le soir, nous triâmes nos affaires. Et, même avec la meilleure volonté du monde, impossible de faire tenir nos quelques effets personnels dans deux sacs de voyage. Le cartable flambant neuf d'Emira n'étant pas considéré comme un bagage à part entière, nous y plaçâmes le maximum d'affaires. Le lendemain, nous constaterions que nous étions les seules à ne pas voyager les mains vides.

J'avais beau savoir qu'il me fallait prendre des forces, je ne fermai pas l'œil de la nuit, peut-être la dernière que nous passions en Tunisie. Je faillis même renoncer. Je repensai aux embarcations de réfugiés ralliant l'Afrique à l'Europe. À tous ces bateaux qui avaient chaviré alors qu'ils tentaient de rallier les Canaries. Aux navires militaires qui leur ordonnaient de rebrousser chemin. À tous ces gens qui se cachaient dans les cales et mouraient asphyxiés. Cette traversée était sans doute de la folie, mais je n'avais plus le choix.

Pour surmonter ma peur, j'essayai d'envisager les choses avec plus d'optimisme. La mer Méditerranée, ce n'était pas l'océan Atlantique. De plus, Aïcha disait vrai : des milliers de Tunisiens étaient déjà arrivés sains et saufs à Lampedusa. Ma fille et moi en ferions partie.

— Maman ?

— Tu es réveillée ?

— Toi aussi.

— C'est vrai, mais je ne vais pas tarder à me rendormir, et toi aussi, Emira. Il faut être en forme pour demain.

— Tu crois vraiment qu'on sera bientôt en Allemagne, maman ?

Les yeux d'Emira brillaient dans l'obscurité. L'Allemagne lui manquait énormément. Elle n'y était pas retournée depuis très longtemps, et elle me dressait souvent la liste de ce qu'elle avait hâte de retrouver : le potage à l'orge de ma grand-mère, les cerises, le pain aux céréales, les saucisses, la moutarde.

— Oui.

Je parvins à lui répondre d'une voix étonnamment assurée.

Le jour J débuta par une attente interminable. Finalement, on ne passa nous chercher que vers dix-neuf heures. Dans la voiture qui nous conduisait à Zarzis se trouvaient deux autres hommes, ainsi que le chauffeur. Quelle ne fut pas ma surprise de reconnaître, sur le siège passager, Lofti, un cousin éloigné de Mohamed !

— Qu'est-ce que vous faites là ?

— J'ai trois enfants, et ils ont faim.

Je hochai la tête. Comme je le comprenais !

— J'ai tout essayé, même la pêche, mais je n'arrive plus à subvenir aux besoins de ma famille. La seule solution que j'ai trouvée, c'est d'aller gagner ma vie en France. Un de mes amis qui tient une boulangerie m'a proposé du travail. Et vous ?

— Je saisis ma dernière chance, répondis-je en silence.

Nous venions d'arriver à Zarzis lorsque notre chauffeur reçut de nouvelles consignes par téléphone. Nerveux, il ne cessait de se racler la gorge. Alors que la nuit était tombée, nous restâmes dans la voiture, tous feux éteints, à attendre quelqu'un. Après plusieurs longues minutes, une jeep approcha à vive allure et s'arrêta à notre hauteur. Un jeune homme – je compris plus tard qu'il s'agissait du passeur – descendit et donna de nouvelles consignes à notre chauffeur. À force de le voir gesticuler dans tous les sens, je me demandai s'il n'était pas toxicomane. Dans une main, il tenait une cigarette, dans l'autre, un petit sac à dos.

Nous reprîmes la route jusqu'à une villa située en bord de mer, où une chambre séparée et une petite salle de bains adjacente nous étaient réservées. Dans le salon, plusieurs matelas ainsi qu'un canapé étaient déjà occupés par plusieurs hommes assez jeunes. Lofti, qui, à quarante ans, était l'un des plus âgés du groupe, se vit attribuer le rôle de porte-parole.

Après avoir entendu compter puis chuchoter, je vis des liasses de billets passer de main en main. Les jeunes tendirent l'argent à Lofti, et celui-ci le donna au passeur, qui le glissa dans son petit sac à dos. Ce dernier était déjà gros comme un ballon de foot lorsque mon tour arriva. Ensuite, on nous informa que, si le beau temps se maintenait, nous partirions le lendemain, sans doute vers midi.

Chaque fois que je sortais de la chambre pour aller aux toilettes, je remarquais de nouveaux venus. À minuit, le salon était rempli et les gens devaient se serrer par terre. Emira et moi, épuisées, plongeâmes dans un profond sommeil, jusqu'à ce que des voix d'hommes nous réveillent.

— Quel temps il fait, maman ? s'enquit aussitôt Emira.

— Il y a du soleil, je crois.

À vrai dire, je n'en avais pas la moindre idée.

Au petit-déjeuner, on nous servit du lait et du pain à l'huile d'olive. Depuis les fenêtres, je vis que le vent ne soufflait quasiment pas dans les branches des palmiers. On nous dit que le départ aurait lieu entre midi et treize heures. Puis en fin d'après-midi. Puis en début de soirée.

N'en pouvant plus d'attendre, je demandai à Lofti de nous accompagner à la plage. Je voulais me rendre compte par moi-même de l'état de la mer, car, d'après ce que j'avais compris, c'était la houle qui posait problème, et non le vent. Sur l'eau, je vis des bateaux tanguer et détournai aussitôt le regard. Je préférais ne pas penser à la traversée, de peur de reculer au dernier moment.

Tandis que nous longions la plage, je sentis combien j'aimais encore ce pays que j'allais bientôt quitter, et peut-être à jamais. Mais, dès que j'anticipais le périple qui nous attendait, je manquais de défaillir. Mieux valait ne plus penser à rien et se laisser porter par les événements. Pour le reste, je m'en remettais à Dieu, en espérant qu'Il nous viendrait en aide. Nous avions tout tenté, j'avais fait tout ce qui était en mon pouvoir pour quitter le pays avec ma fille. J'avais essayé de vivre avec elle en Tunisie, j'avais essayé de m'intégrer, mais j'étais allée d'échec en échec. Nous devions y arriver, cette fois ! Sinon...

— Vous savez quoi, Lofti ?

Celui-ci secoua la tête, dépité.

— Nous allons y arriver.

Nous nous rendîmes dans une petite épicerie afin d'acheter quelques provisions, dont du *hanout*, une bouteille de jus de fruits, du pain, des biscuits, du chocolat et des fruits, avant de regagner la maison. Là-bas, l'impatience avait laissé place à une tension palpable. Plusieurs hommes se querellaient.

— Que se passe-t-il ? demandai-je à Lofti.

— Il vaut mieux que vous alliez dans votre chambre.

Je pris peur et suivis son conseil. Quel était le problème ? Qu'attendions-nous ? La météo était au beau fixe, pourquoi reporter le départ encore une fois ? Les esprits s'échauffaient.

J'entendis d'autres hommes entrer, ainsi qu'une femme, qui, après un long trajet, venait de s'évanouir. Elle fut portée jusque dans notre chambre et allongée sur le lit. Lofti, voyant que j'étouffais, me proposa de ressortir.

Notre voiture était toujours garée devant la maison. Lofti, Emira et moi nous y installâmes. Le chauffeur, assis à l'avant, lisait le journal. La voiture n'était pas particulièrement confortable, mais au moins, nous avions un peu de calme. Je m'assoupissais de temps à autre, tandis que ma fille dormait profondément, emmitouflée dans la doudoune violette que je lui avais achetée peu avant le départ. Plus tard, j'appris qu'une dispute avait éclaté car certaines personnes, voyant que nous étions trop nombreux, craignaient de ne pas pouvoir embarquer.

À quatre heures et demie du matin, le portable du chauffeur sonna. Il faisait encore nuit, mais nous devions partir sur-le-champ. Lofti alla chercher nos bagages, puis nous reprîmes la route, tous feux éteints, pour finalement nous arrêter un peu plus loin. Le chauffeur reçut un nouvel appel, puis redémarra et roula cinq minutes. Nouvelle halte, nouvel appel, nouvelle attente. Mauvais chemin. Encore un arrêt.

À l'aube, alors que les maisons commençaient à se détacher sur le ciel, notre chauffeur obtint enfin la bonne adresse. Nous empruntâmes une rue déjà encombrée de voitures.

— Descendez, vite !

Sur le seuil d'une maison, un homme muni d'une batte de base-ball comptait les nouveaux arrivants et aboyait des ordres.

— Toi, là-bas ! Toi, par là ! Toi, à l'intérieur !

On nous poussa, Emira, moi et une douzaine d'autres personnes, tel un troupeau de chèvres, dans une ruelle débouchant sur la plage. Il faisait froid, en ce 7 mars 2011, le sable était humide, mais tout le monde dut se déchausser et retrousser son pantalon.

— Qu'est-ce que c'est que ça ? demanda l'homme à la batte de base-ball en désignant mes bagages.

Avant que je n'aie le temps de répondre, un inconnu s'en empara.

— Je m'en occupe !

Un deuxième homme prit le sac à dos d'Emira et le déposa dans un hors-bord. Amarré non loin du rivage, il tanguait sous le poids des passagers. Le temps que nous montions à bord, j'avais le pantalon trempé jusqu'à mi-cuisses. Heureusement, Emira était restée au sec. À partir de là, tout s'enchaîna très vite. Peut-être fallait-il rattraper les longues heures d'attente. Une fois au large, j'aperçus trois bateaux. Le plus grand, déjà plein, menaçait de chavirer. Il restait de la place sur le deuxième, ainsi que sur le troisième, plus petit.

J'indiquai au pilote du hors-bord que je désirais prendre place à bord du deuxième, qui me paraissait le plus stable. Il hocha la tête et approcha habilement de l'embarcation.

— *Yalla ! Yalla !*

Épilogue

On nous aida à embarquer sur le bateau qui, lui aussi, tanguait dangereusement. Autour de moi, la panique se lisait dans les regards. Même si je savais nager, contrairement à la plupart des Tunisiens, je n'en menais pas large non plus.

Il n'y avait plus de place sur le bateau, mais des gens continuaient à monter à bord. D'un geste, l'un des passeurs nous ordonna de nous diriger vers le petit abri qui tenait lieu de timonerie. Dans cette pièce exiguë, deux femmes et une adolescente, déjà installées, nous saluèrent d'un signe de tête. Puis l'une d'elles sortit son portable et hurla à son interlocuteur :

— Une Européenne vient de monter à bord avec sa petite fille, tu te rends compte ?

— Et alors ? l'interrompis-je en arabe. Cela vous dérange, peut-être ?

La femme leva les yeux au ciel et coupa court à la conversation. Une grande tension régnait à bord. Même le capitaine, qui dirigeait les opérations avec une certaine rudesse, ne semblait pas rassuré. Quant à moi, je m'inquiétais de voir encore des gens prendre place à bord du bateau alors qu'il était surchargé depuis cinq bonnes minutes.

— Il faut intervenir, dis-je au capitaine. Nous sommes beaucoup trop nombreux, vous nous mettez en danger !

Il se contenta de secouer la tête.

Le départ fut donné peu après, tandis que d'autres hors-bord se dirigeaient dans notre direction. Dans une tentative désespérée, plusieurs de leurs passagers tentèrent de se hisser sur notre bateau. Certains tombèrent à l'eau, d'autres furent tirés en arrière *in extremis*.

Sur ce, l'homme que j'avais vu sur la plage nous rattrapa et cria quelque chose au capitaine. Puis, d'un saut agile, il monta à bord et ordonna aux passagers assis à même la coque de se tasser encore plus. Il les menaça de sa batte de base-ball, que j'entendis fendre l'air en sifflant. Même si on m'en avait dissuadée avant d'embarquer, je pris discrètement quelques photos de la scène. Le capitaine se vit contraint d'accepter une trentaine de clandestins supplémentaires, qui nous rejoignirent en canot à moteur. Plus personne ne pouvait bouger. Le simple fait de changer son pied de position n'était possible qu'avec l'entière coopération du voisin.

Le soleil, à présent haut dans le ciel azur, annonçait une belle journée. Nous n'aurions pas pu espérer mieux. Pas un nuage dans le ciel, pas même une petite brise ; nous voguions sur une mer d'huile. N'arrivant pas à y croire, je fixai l'horizon jusqu'à en avoir mal aux yeux. Je guettais les nuages annonciateurs d'une tempête que je pensais inévitable. Mais rien de tout cela, simplement le bleu du ciel et de la mer à perte de vue. Cependant, je ne profitais pas de ce magnifique spectacle, car je savais qu'en mer tout pouvait basculer en l'espace de quelques secondes. Il fallait moins d'une heure pour qu'une tempête éclate. Et j'étais bien consciente de ce que cela impliquait pour les passagers de ce bateau.

Emira, remise du stress de l'embarquement, commençait à se détendre, à l'image de nos compagnons. La peur dans leur regard avait laissé place à de la curiosité, voire à une certaine assurance. Nous avions un point commun : tous, nous fuyions un passé douloureux dans le but de trouver un emploi, de subvenir aux besoins de notre famille, de ne plus vivre dans la peur. De retrouver nos proches.

Chacun essayait de trouver une position confortable. Enfin, « confortable », c'était beaucoup dire, pensai-je sans pouvoir réprimer un sourire. Pas trop inconfortable, plutôt. J'irais même jusqu'à dire que ce fut un beau voyage. Emira et moi le passâmes assises à même le plancher, mais cela m'importait peu, du moment que la traversée continue à se dérouler ainsi et que mes craintes restent infondées.

Emira et moi parvînmes à monter, non sans peine, sur le pont supérieur. Mais, alors que nous respirions les embruns à pleins poumons, une vague gigantesque faillit nous faire chavirer. Alors qu'un navire militaire battant pavillon tunisien s'approchait dangereusement, un silence de plomb s'abattit sur le bateau. Plus personne n'était d'humeur à plaisanter. Nous nous demandions tous ce qui allait se passer. Un militaire alluma un haut-parleur et demanda à notre capitaine de décliner son identité. Je me recroquevillai sur moi-même, me cachai sous ma veste et dis à Emira de m'imiter. J'étais crispée de la tête aux pieds. J'avais trop longtemps vécu dans la peur. Étions-nous recherchées ? Le navire allait-il nous bloquer la route, ou pis encore ? Le signalement dont je faisais l'objet me vaudrait-il d'être arrêtée en haute mer ?

Finalement, les militaires nous laissèrent passer, sans toutefois se priver de quelques remarques acerbes. « Vous n'avez aucune chance d'arriver à destination, avec un bateau si chargé. Regardez-vous, vous êtes pitoyables. Vous allez tous couler. »

Il fallut du temps avant que le bleu du ciel et de la mer nous fasse oublier ces paroles et que mes compagnons échangent à nouveau quelques mots. Bien qu'échaudés, ils gardaient espoir. Ils pensaient à la vie qui les attendait en Europe, à l'argent qu'ils enverraient à leur famille restée au pays. Certains gardaient le silence, d'autres discutaient plusieurs heures durant. Un des hommes comptait rejoindre le mari de sa sœur, qui tenait une pizzeria en Italie, un deuxième voulait faire carrière dans le bâtiment, afin d'offrir une vie décente à ses quatre frères et sœurs. Un troisième, marié à une pédiatre d'origine syrienne en poste dans une clinique parisienne, n'avait plus de passeport, car celui-ci avait été égaré par son ambassade, et les démarches pour en obtenir un nouveau s'éternisaient. Des étudiants et des artisans se trouvaient également à bord. L'un passa toute la traversée à dormir, un autre, à vomir, alors que le bateau ne tanguait pas. Malheureusement, le médicament que je lui donnai contre le mal de mer n'eut aucun effet. En revanche, mes pastilles aux plantes furent très utiles à l'un de mes voisins, qui, pris de violentes quintes de toux, ne cessait de cracher par-dessus bord.

Ainsi passa la journée. Lorsque le soleil disparut à l'horizon, le temps se rafraîchit, et je sortis nos vêtements chauds. Comme j'en avais prévu plus que nécessaire, je pus les prêter à d'autres passagers. Beaucoup frissonnaient dans leur blouson léger et leur pantalon trempé. Un jeune homme alla jusqu'à se coiffer du bonnet rose d'Emira, ce qui déclencha l'hilarité générale. Nous rîmes trop fort, trop longtemps. Mais cela nous fit le plus grand bien.

Quant à la nourriture, elle était réduite au strict minimum, soit une grande gamelle collective de pain à tremper dans de la *harissa*. Cela ne suffit pas à nous sustenter mais, en mère prévoyante, j'avais pensé à prendre quelques provisions, que je partageai avec mes compagnons. Mais certains n'avaient pas faim et se contentaient de fumer.

— Maman, j'ai envie de faire pipi, dit soudain Emira.

Je me doutais que ce moment allait arriver. J'étais étonnée qu'Emira ait tenu si longtemps. Moi-même, j'en avais envie depuis plusieurs heures, mais j'avais préféré qu'Emira se manifeste afin que nous allions aux toilettes ensemble. Satisfaire nos besoins naturels s'annonçait plus compliqué pour nous que pour les hommes, qui urinaient dans des bouteilles ou par-dessus bord, tout simplement. Nous nous frayâmes un chemin jusqu'à la cale. Là, le capitaine nous indiqua un tonneau caché derrière une couverture élimée. Ce besoin était tellement pressant que j'en oubliai toute pudeur. Malheureusement, pour y retourner durant la nuit, je dus réveiller les deux hommes allongés respectivement sur mes jambes et mon bras droit. Cette promiscuité ne me gênait pas réellement, car nous nous tenions chaud. Elle était presque réconfortante : nous sentions que nous étions tous – littéralement – dans le même bateau.

Soudain, quelqu'un s'écria que nous venions de pénétrer dans les eaux territoriales italiennes. J'eus alors un regain d'espoir. Le rêve de ma vie, à savoir réunir toute ma famille, allait enfin devenir réalité ! Au petit matin, un navire gigantesque approcha.

— *Is everybody okay ?*

Nous explosâmes de joie en entendant cette phrase prononcée avec l'accent italien.

— *Grazie, grazie, mille grazie !* m'époumonai-je.

Mais ma voix fut couverte par celle de mes compagnons, qui hurlaient tout ce qui leur passait par la tête. *Merci ! Longue vie à vous et à votre famille ! Soyez heureux et prenez soin de vous ! Vive l'Italie !*

Quant à Emira, elle se contenta d'un simple « *Grazie* », avant de se rendormir.

Le navire nous escorta jusqu'à Lampedusa. Sur le moment, je crus qu'il avait été affrété par une ONG, Cap Anamur, par exemple, mais ce n'était pas le cas. Par la suite, j'appris que nous devions ce bel accueil aux gardes-côtes italiens. Les passagers de ces deux bateaux venaient d'horizons très différents, certains étaient bien nés, d'autres n'avaient pas eu cette chance. C'était l'humanité qui nous rassemblait.

Je me mis à pleurer, en voyant les lumières de Lampedusa scintiller à l'horizon. J'étais folle de joie. Oubliées, ces vingt heures de calvaire. Lampedusa… Ce n'était pas un rêve ni un mirage, mais la réalité. Le bonheur était à portée de main. Plus personne ne pouvait s'en prendre à nous.

— J'aperçois les côtes italiennes, Emira !

— *Grazie*, répondit-elle une nouvelle fois.

Elle réajusta sa doudoune et se rendormit, malgré le brouhaha. Sur le bateau, chacun y alla de sa petite plaisanterie, surtout un homme, animateur de son état, qui tint à montrer l'étendue de son talent et provoqua l'hilarité générale.

Alors que le soleil se levait, notre frêle embarcation se dirigea lentement vers le ponton. Visiblement, les autorités italiennes avaient été mobilisées afin d'éviter tout mouvement de panique. Elles braquèrent des projecteurs sur notre bateau, tandis que nous accostions. Emira et moi fûmes immédiatement repérées. Une voix posée pria tous les passagers de prendre place dans une deuxième embarcation. Celle-ci nous permit de parcourir en

toute sécurité les derniers mètres qui nous séparaient de la jetée.

À côté de moi, Emira se trouvait dans un état
d'agitation extrême.

— Ma fille a un problème, laissez-la passer !
criai-je.

Des mains se tendirent pour nous aider à descendre. Lorsque Emira passa de mes bras à ceux
d'un homme posté sur le ponton, nous fûmes
séparées, l'espace d'un instant : elle, sur la terre
ferme, moi, encore sur le bateau.

Quand j'arriverai en Italie, j'embrasserai le sol.
J'avais pris cette résolution le jour où j'avais décidé
de courir ce risque insensé. Mais je n'en fis rien,
trop préoccupée que j'étais par Emira, qui avait
disparu de mon champ de vision. Je connaissais la
chanson. Je ne l'avais que trop entendue, au cours
de ces dernières années.

Heureusement, je la retrouvai aux côtés d'ambu-
lanciers, qui l'avaient emmitouflée dans des cou-
vertures. D'une voix timide, elle leur assura qu'elle
se portait parfaitement bien et qu'elle voulait simplement aller aux toilettes.

Cette fois, je sortais gagnante. Ma fille était enfin
en lieu sûr, et rien ni personne ne pourrait plus
jamais nous séparer.

Soudain, des journalistes m'encerclèrent dans
une nuée de flashs.

— *Da dove vieni ? Where do you come from ?*
Vous êtes allemande ? Comment vous êtes-vous
retrouvée parmi ces clandestins ?

— Ça, c'est une longue histoire.

Table

DANS LA MÊME COLLECTION

*Cet ouvrage a été composé
par Facompo
à Lisieux (Calvados)*

Impression réalisée à Barcelone par

CPI

*en janvier 2016
pour le compte des Éditions Archipoche*

Imprimé en Espagne
N° d'édition : 390
Dépôt légal : février 2016